S0-EIB-719

SP 202.3 SEB
Sebastián, Mercedes.
Las profecías y el fin del mundo /

PALM BEACH COUNTY
LIBRARY SYSTEM
3650 SUMMIT BLVD.
WEST PALM BEACH, FLORIDA 33406

MISTERIOS DE LA HISTORIA

LAS PROFECÍAS Y EL FIN DEL MUNDO

MISTERIOS DE LA HISTORIA

LAS PROFECÍAS Y EL FIN DEL MUNDO

Mercedes Sebastián

Copyright © EDIMAT LIBROS, S. A.
C/ Primavera, 35
Polígono Industrial El Malvar
28500 Arganda del Rey
MADRID-ESPAÑA
www.edimat.es

Reservados todos los derechos. El contenido de esta obra está protegido por la
Ley, que establece penas de prisión y/o multas, además de las correspondientes
indemnizaciones por daños y perjuicios, para quienes reprodujeren, plagiaren,
distribuyeren o comunicaren públicamente, en todo o en parte, una obra literaria,
artística o científica, o su transformación, interpretación o ejecución artística
fijada en cualquier tipo de soporte o comunicada a través de cualquier medio,
sin la preceptiva autorización.

ISBN: 978-84-9764-870-7
Depósito legal: CO-741-2007

Colección: Misterios de la historia
Título: Las profecías y el fin del mundo
Autor: Mercedes Sebastián
Diseño de cubierta: Juan Manuel Domínguez
Impreso en: Taller de Libros, S.A.

IMPRESO EN ESPAÑA – *PRINTED IN SPAIN*

INTRODUCCIÓN

El miedo a que el mundo se acabe ha acompañado al hombre desde el inicio de los tiempos. Es quizá un temor más profundo que el de la propia muerte. Es posible que la herencia genética que nos impulsa a reproducirnos para que nuestra raza no se extinga juegue también un papel importante en este tema. Una cosa es admitir la propia desaparición, otra muy diferente es pensar que todo aquello por lo que hemos vivido quedará reducido a la nada.

Este temor se ha manifestado en casi todas las culturas y las religiones del mundo. Cuando el hombre ha cubierto sus necesidades primarias ha empezado a plantearse interrogantes metafísicos. Y en nuestra mentalidad finita, si el mundo tuvo un principio, ha de tener un final.

Los científicos no saben responder a esta duda metafísica. La mayoría cree que a nuestro planeta aún le queda una larga vida. Sin embargo, en todas las épocas hemos encontrado profetas que no compartían esta opinión. Sus predicciones han creado pavor y escepticismo. Sin embargo, ni unos ni otros las han podido olvidar. Por ello, en la mayoría de los casos, las profecías son los documentos mejor guardados por todas las civilizaciones.

Este libro pretende analizar las principales profecías que ha ofrecido la humanidad a lo largo de los tiempos. Los escritores del libro que el lector sostiene entre sus manos han estado años investigando y han intentado recopilar las principales predicciones que han hablado del final del mundo.

Asimismo, han intentado hacer un trabajo minucioso, analizar las opiniones que los principales expertos han dado sobre estos textos y explicar cómo han influido en la población estas predicciones.

Capítulo primero
CAUSAS DEL FIN DEL MUNDO

Muchas son las predicciones sobre el final de los días que se han hecho a lo largo de la historia de la humanidad. Desde el principio de los tiempos, el hombre ha temido la destrucción de su mundo y siempre se ha planteado preguntas existencialistas para conocer su entorno. La primera y principal es el origen de todo. Ésta es la que ha llevado a la creencia en las diferentes religiones. ¿Cómo se creó el mundo en el que vivimos? ¿Quién fue el primer hombre? ¿Existe un dios creador o todo se debe a la casualidad?

Estas preguntas han provocado encendidos debates. La teoría de la evolución de Charles Darwin, por ejemplo, fue interpretada como una herejía por la Iglesia Católica. Pero en el supuesto casi probado que provengamos de los monos, ¿quién creó a estos? Estas cuestiones siguen interesando a los científicos de todo tipo y condición que no pueden dar con una explicación probada.

Sin embargo, paralelamente a este debate, se ha desarrollado otro. ¿Tiene la Tierra fecha de caducidad? ¿Llegará el día en el que el mundo se acabe? Como respuesta a esta pregunta han surgido múltiples profecías que vaticinan el final de los días. A los hombres les es imposible entender que algo pueda ser infinito. Nuestra vida tiene un principio y tiene un fin. Y siguiendo ese parámetro intentamos ordenar la realidad. Por lo tanto, la Tierra, al igual que nosotros, debe tener también un final. ¿Cuándo? Mil profecías han puesto fecha a ese día. En los siguientes capítulos de este libro explicaremos los principales vaticinios que se han hecho a través de los tiempos y los que todavía siguen vigentes y anuncian un final futuro.

Sin embargo, otro tema que despierta nuestra curiosidad es saber cómo ocurrirá. Cada profecía tiene un final particular que analizaremos en profundidad cuando las tratemos. Sin embargo, en este capítulo hemos recopilado los finales más habituales que se le suponen a la Tierra. No deja de ser curioso que a lo largo de la historia haya tantas profecías completamente diferentes que coincidan en que la Tierra acabará de una forma concreta. Por ello, antes de empezar a analizarlas, se impone repasar los finales más repetidos de nuestro mundo. Asimismo, intentaremos brindar explicaciones de por qué tenemos miedo a que nuestros días acaben de un modo o de otro.

Habitualmente, bajo estos finales subyacen miedos sociales. Cuando un tema nos preocupa, acabamos pensando que puede conducir al cataclismo final. Por ello, también es habitual que dependiendo de los temores de cada época, estuviera de moda uno u otro final.

El meteorito

El impacto de un meteorito podría acabar con nuestra civilización tal y como la conocemos. Éste es un miedo que viene de antiguo. Muchos consideran que el Diluvio Universal fue causa de la colisión de un cuerpo estelar contra nuestro planeta. En las civilizaciones precolombinas también se menciona ese choque que cambió la Tierra tal y como se la conocía en aquel momento.

Muchos son los estudiosos que consideran que el impacto provocó la extinción de los dinosaurios y la glaciación del planeta. Si ocurrió una vez, ¿por qué no podría volver a pasar?

Muchos son los científicos que han empezado a hacer cálculos con esta probabilidad. Según han dictaminado, bastaría que el cuerpo celeste tuviera 1 kilómetro de diámetro para acabar con la vida en nuestro planeta.

También hay otras posibilidades. Si, por ejemplo, se tratara de un asteroide pequeño (de unos 400 metros de diámetro) pero diera en un punto clave de la geografía terrestre. Por ejemplo, si colisionara contra una central nuclear. La explosión podría arrasar el planeta, aunque tan sólo hubiera chocado contra una parte pequeña de éste.

Por otra parte, también podría impactar contra los principales centros financieros del mundo. Si la casualidad quisiera que así fuera, tal vez no se extinguiera nuestra especie, pero seguramente se acabaría el mundo tal y como lo conocemos hoy en día. Se iniciaría una nueva etapa en la que seguramente se perdería parte de toda la tecnología que el hombre ha creado a través de los siglos. Sería como volver atrás en el reloj del tiempo y seguramente volveríamos a una organización semejante a la medieval.

Por ello, cada vez que un cometa o algún otro cuerpo celeste se aproxima a la Tierra, surgen por doquier teorías y predicciones sobre el fin del mundo. Los astrónomos, hasta ahora, han intentado demostrar que habitualmente no hay nada que temer, sin embargo la población que ha oído desde antaño este tipo de historias no acaba de creer sus optimistas afirmaciones.

Recientemente, los astrónomos detectaron una serie de impactos de meteoritos en Júpiter. Si éstos se hubieran producido en la Tierra, no estaríamos aquí para explicarlo. ¿Qué posibilidades hay de que un meteorito impacte contra nuestro planeta? Ningún especialista se atreve a dar una cifra concreta, pero lo cierto es que la posibilidad existe.

Por otra parte, recientemente se ha sabido que la NASA ha preparado un plan de actuación por si aconteciera un desastre de estas magnitudes. Se habla, por ejemplo, de bombardear con misiles nucleares al meteorito para conseguir que éste se desintegre antes de llegar a nuestro planeta. Sin embargo, nadie sabe qué podría pasar si se utiliza la energía nuclear en el espacio. Tampoco están seguros de que la explosión no fuera a afectar de algún modo u otro a nuestro planeta.

Todas estas elucubraciones estuvieron a punto de hacerse ciertas hace poco. El 9 de julio se dio la señal de alarma en la NASA. Los científicos de este organismo detectaron la presencia de un asteroide al que llamaron 2002NT17. Su órbita le acercaría peligrosamente a la Tierra en un futuro próximo. De hecho, todo parecía indicar que el 1 de febrero del año 2029 podría producirse un letal impacto. Los científicos de la agencia espacial norteamericana empezaron a estudiar planes para alejarlo de la Tierra. Los medios de comunicación se hicieron eco de la noticia y le confirieron toques alarmistas. El fin del mundo parecía tener fecha.

Este asteroide no es especialmente grande: tiene 2 kilómetros de diámetro, pero su colisión podría provocar la extinción de buena parte de las especies que hoy en día pueblan el planeta. Tras el susto, se sucedieron las declaraciones tranquilizadoras. Los posteriores cálculos demostraron que el asteroide pasaría de refilón y no llegaría a chocar contra la Tierra. De todos modos, algunos opinan que es demasiado pronto para saber la trayectoria que describirá este cuerpo celeste. Tendremos que esperar a que esté más cerca para hacer un cálculo fiable.

Otros estudiosos creen que el 2002NT17 ciertamente no llegará a tocar la Tierra en 2029. Sin embargo, sí que colisionará con nuestro planeta el 1 de febrero de 2060, cuando su vuelo será rasante.

Según el doctor Benny Peiser, antropólogo experto en extinciones de la Universidad John Moore de Liverpool, no podemos, por el momento, saber si verdaderamente nos libraremos de la visita de este destructor asteroide. «Sería prudente advertir que las observaciones a corto plazo puedan resultar en nuevas fechas de impacto», asegura Peiser. «Es el objeto más amenazante en la corta historia de la detección de asteroides», advierte el experto británico.

Sin embargo, éste no es el único peligro que surca nuestro cielo. El ataque de los asteroides es un fenómeno que casi todos los astrónomos que vigilan el cielo contemplan en sus previsiones. Según David Morrison, astrónomo de la NASA, «un ataque de asteroides podría tener lugar con mucho menos de treinta años de aviso». Según la estadística, el siguiente gran accidente sucederá en cualquier momento durante los próximos 35 millones de años, ya que nos toca uno cada cien millones y el último impacto terrible fue el que acabó con los dinosaurios. El popular novelista y divulgador científico Arthur C. Clarke lo tiene claro: «El choque con un asteroide de gran tamaño es inevitable antes o después. Tal vez no acabe con el hombre, pero podría mandarnos de vuelta a la Edad de Piedra».

Otros fenómenos también acechan más allá de la atmósfera. No se trata en este caso de meteoritos, sino de supernovas gigantes. Una curiosa casualidad galáctica podría dejarnos sin casa. A 150 años luz de distancia de nuestro planeta se encuentra una estrella a punto de extinguirse llamada HR 8210. Se trata de una enana blanca que se encuentra en un inestable límite. Si su masa aumenta un poco más, explotará convirtiéndose en una supernova que provocaría una lluvia de radiación mortal demasiado cercana a nuestro endeble planeta para que pudiésemos contarlo.

Junto a la HR 8210, según ha desvelado Dave Latham, un científico de la Universidad de Harvard, existe otra estrella moribunda que pronto podría convertirse en una gigante roja. Cuando la metamorfosis se produzca, aumentará su tamaño y parte de su materia podría caer sobre la HR 8210. El peso extra sería suficiente como para que la enana blanca explotase. Por suerte, los astros no son rápidos y podríamos estar hablando de millones de años.

Todos estos fenómenos tienen inquietantes precedentes. Casi todos los estudiosos creen que los cráteres de la luna provienen del impacto de meteoritos. Algunos consideran que estos choques afectaron en tiempos remotos a la Tierra, siendo, tal vez, la causa de que los dinosaurios se extinguieran. ¿Qué pasaría si nuestro satélite volviera a recibir el impacto de los meteoritos? Seguramente su cercanía con la Tierra no nos libraría de cambios drásticos que pondrían en peligro muchas de las especies que pueblan nuestra geografía.

Por otra parte, existen también hipótesis que apuntan a que la Tierra podría cambiar su órbita debido al choque. El meteorito podría causar la destrucción de una zona y dejar intacta el resto, pero modificaría la trayectoria de nuestro planeta. De esta forma, podríamos acercarnos demasiado al Sol o alejarnos de él. Ambos supuestos provocarían cambios climáticos que el hombre y la mayoría de las especies que pueblan la Tierra no podrían aguantar. Por ello, poco a poco, como una lenta agonía, iría desapareciendo cualquier chispa de vida que pudiera haber. Este final no es drástico, sino que dibuja una situación de supervivencia muy dura. Según los científicos, tal vez algunas especies mutaran y pudieran sobrevivir. Quizá aparecerían otras que estarían preparadas para las nuevas condiciones de vida. Durante algún tiempo convivirían las especies antiguas y las nuevas, pero finalmente las primeras perecerían y la Tierra ya no tendría nada que ver con el mundo que conocemos en la actualidad. Y eso con un poco de suerte, porque también hay estudiosos del tema que están convencidos de que no habría forma de adaptarse y que poco a poco todas las especies irían desapareciendo de la faz de la Tierra.

Muchas son las teorías que discurren en este sentido y que constatan el miedo que tenemos y lo pequeños que nos sentimos: el hombre perdido en la inmensidad de un universo infinito. La vida humana parece un capricho que en cualquier momento puede desaparecer. Por mucho que hayamos avanzado en el estudio de la astronomía, siguen habiendo un sinfín de cuestiones que no podemos resolver y éstas son las que nos hacen sentir vulnerables. Por ello, todo lo que venga del espacio nos parece una fuerza a la que no podemos hacer frente y por lo tanto se convierte en una amenaza que puede acabar con nuestra existencia.

Invasión extraterrestre

Ése es otro de los miedos endémicos de la naturaleza humana. ¿Qué pasaría si llegaran a nuestro planeta seres de otro mundo? El primer temor que aflora al contemplar esta posibilidad es que los extraterrestres quisieran invadirnos. Si ellos nos han descubierto y nosotros no sabíamos nada de su existencia, esto significa que su tecnología es mucho más avanzada que la nuestra. Por lo tanto, pueden dominarnos o hacer de nosotros lo que quieran.

¿Por qué invadirían la Tierra? Tal vez porque su planeta está superpoblado y necesitan nuevos territorios que poblar. En ese caso, lo más rápido sería aniquilar a la raza humana, que es la que domina el planeta y mudarse a la Tierra como quien se cambia de piso.

Ésta es seguramente la peor de las suposiciones y la que más aterra a los estudiosos de la materia, aunque no es la única. Algunos creen que tal vez podrían querer establecer una base en nuestro planeta para poder dirigir operaciones a otras partes del universo. En ese caso, se podría llegar a un acuerdo. Pero ¿cómo afectaría eso al equilibrio geopolítico de la Tierra? Tal vez algunas potencias intentaran ganar el favor de los extraterrestres mientras que otras se opondrían. Con todas las guerras que hay en la actualidad en el planeta y con la cantidad de armas nucleares que se han desarrollado, un conflicto podría resultar letal. No haría falta que los seres del espacio exterior acabaran con la Tierra, nos encargaríamos nosotros mismos de hacerlo.

Por último, otra de las posibilidades es que vinieran en busca de nuestro bien más preciado: el agua. Los científicos están convencidos de que el agua es vida, es el principio del desarrollo de cualquier especie. En todos los estudios que se han realizado para saber si existe vida en otros mundos la conclusión siempre ha sido la misma: es imposible porque carecen de agua.

Supongamos que en otro lugar alejado del universo hay una civilización que está agotando sus reservas naturales de agua. La supervivencia les podría llevar a buscar planetas que poseyeran el preciado líquido y a arrebatársela. ¿Cuánto tiempo sobreviviríamos si se secaran nuestros ríos y mares? El golpe medioambiental sería terrible. Cambiaría la geografía, los bosques se extinguirían, los herbívoros no tendrían qué comer y por tanto la cadena alimenticia iría empobreciéndose hasta la desaparición de cualquier hálito de vida en la Tierra.

Sin embargo, si analizamos todas estas teorías, nos damos cuenta que en todas ellas subyace el temor a «el otro». No deja de ser una forma de racismo, inherente, por desgracia, a buena parte de los seres humanos. Cualquier ser que sea diferente a nosotros tiene que suponer un peligro. De esa forma podemos defendernos atacando primero. Nos definimos por oposición a los otros: tú eres mujer, yo soy hombre, tú eres negro, yo soy blanco, tú eres extraterrestre, yo soy terráqueo. De esta forma, para afirmarnos a nosotros mismos, tenemos que estar seguros de que somos mejor que los demás. La forma más fácil es que los otros sean peores que nosotros.

Ese terrible principio racista es el que subyace bajo las teorías del final a manos de desalmados alienígenas. El hombre, desde el principio de los tiempos, ha sentido la necesidad de controlar su espacio. El problema es que sólo es capaz de hacerlo tomándose a sí mismo como medida. Es decir, el hombre tiene que entender todo lo que le rodea a través de su forma de pensar y es incapaz de ponerse en el lugar de otros. Por ello, la aparición de un ser diferente, con referentes distintos a los suyos, provoca más temor que curiosidad. Además, el hombre está acostumbrado a ser la especie que reina sobre el planeta. Este poder se vería amenazado si conociera a seres más evolucionados que él. Todos estos valores se traducen en miedo que da lugar a apocalípticas visiones del final del mundo causado por seres de otras galaxias.

Por otra parte, también se teme el impacto cultural que pudiera tener una civilización tecnológicamente más avanzada que la nuestra. El hombre, que como hemos dicho, interpreta el mundo a través de sus propias acciones. Por ejemplo, cuando los conquistadores llegaron a América, el choque cultural acabó con las civilizaciones que allí habían. Muchas fueron las razones. Sin duda, el genocidio fue la principal, pero hubo otras. Los hombres blancos llevaron enfermedades que los indios no estaban preparados para combatir. Un simple catarro o una gripe era letal para ellos, mientras que los conquistadores apenas eran conscientes de que estaban esparciendo sus virus por la población autóctona. ¿Qué pasaría si el hombre no estuviera preparado para combatir enfermedades que portaran los extraterrestres? Seguramente el efecto sería muy parecido al que se produjo tantos siglos atrás. Estos virus serían letales para los humanos, mientras que la medicina de los extraterrestres tampoco serviría para remediar este mal. Este final enlazaría con otro que veremos más adelante, en este mismo capítulo, y que hace referencia a una posible plaga que acabara con toda la población mundial.

Volviendo a los paralelismos trazados con el descubrimiento de América y su consiguiente genocidio, hemos de destacar que otro de los factores claves fue la explotación que el hombre blanco hizo de los recursos de la población autóctona. Los conquistadores se apropiaron de los ricos recursos naturales que tenían los pueblos aborígenes. Acabaron con sus minas, se llevaron sus metales preciosos, vendieron sus cultivos hasta dejar baldías sus tierras. Todo ello desembocó en una pobreza endémica que todavía hoy en día arrastran muchos de esos países. Por ello, no es extraño que el hombre piense que los extraterrestres actuarían del mismo modo. De ahí viene, seguramente, el miedo a que se lleven el agua de nuestro planeta. Si en un pasado fuimos capaces de robar los recursos naturales de un pueblo y condenarlo a la hambruna, ¿por qué no podían hacer lo mismo los alienígenas? De nuevo el hombre vuelve a interpretarlo todo siguiendo su propia conducta. Y quizá subyace el temor a que nos hagan lo que nosotros hemos hecho o el remordimiento del refrán «quien a hierro mata, a hierro muere».

El choque cultural es otro de los miedos que aparecen siempre en este tipo de predicciones apocalípticas. Volvamos al caso de América. Allí había civilizaciones complejas con un grado aceptable de sofisticación. Los incas, los mayas y los aztecas habían conseguido florecientes civilizaciones que se vieron drásticamente interrumpidas por la presencia del hombre blanco. La superioridad armamentística y tecnológica provocó que aquellas culturas sucumbieran. Por ello, tampoco es tan descabellado pensar que si los extraterrestres poseen un grado de civilización superior al nuestro, puedan imponer su cultura y borrar la nuestra. Todo el saber acumulado durante estos años quedará en nada.

Esto es lo que ha pasado a lo largo de nuestra historia. La civilización más esplendorosa se ha impuesto al resto y poco a poco las ha aniquilado. Por lo tanto no es de extrañar que la historia pudiera repetirse de nuevo. Por ello, tal vez, los científicos han empezado a tomar precauciones en este sentido. El proyecto más ambicioso que se está llevando en este sentido es el KEO, concebido por un grupo de científicos franceses. La idea es reunir una ingente base de datos que contenga toda nuestra sabiduría. Una vez se consiga este increíble trabajo de síntesis, se pondrían estos datos en órbita mediante un satélite. Los cálculos del grupo KEO especulan que la sonda girará sobre la Tierra durante 50.000 años hasta caer de nuevo sobre ella para desvelar a los que allí habiten cómo era el ser humano del siglo XXI.

Otra idea que discurre en este sentido es la que mantiene el padre de la realidad virtual y experto informático Jaron Lanier. Este célebre analista propone que se codifique la información que se desee mandar al futuro dentro del código genético del animal que más posibilidades tenga de sobrevivir a cualquier desastre. Según todas las investigaciones este animal sería la cucaracha. Según Lanier, este odiado insecto es perfecto para la misión ya que su código genético no ha evolucionado apenas en millones de años y cuenta con numerosas zonas redundantes que se podrían manipular sin que la cucaracha mutase su forma o comportamiento. De esta forma, el saber de nuestro mundo llegaría a generaciones futuras, siempre que éstas, claro, no tuvieran demasiado temor a los insectos.

Todos estos miedos dan lugar a la imagen del alieníge-
na hostil que quiere aniquilarnos. Algunos han intentado
saber de qué planeta podrían proceder. Durante mucho
tiempo se pensó que en Marte podría haber vida. Sin
embargo, los análisis de los astrónomos han demostrado
que esto es imposible. Ahora casi todos los estudiosos
están convencidos que cerca de nuestra galaxia es casi
imposible que haya vida. Pero no se puede descartar la
existencia de vida en otros rincones del universo que
no hemos podido estudiar debido a su lejanía. Para la
mayoría de científicos resulta tan difícil admitir la posibilidad de que haya vida en otras partes del universo como
la afirmación de que en todo el infinito sólo existimos
nosotros.

El desastre nuclear

La Segunda Guerra Mundial dejó tras de sí una amenaza: la guerra nuclear. El letal bombardeo de las ciudades
japonesas de Hiroshima y Nagasaki dibujó un panorama
sociopolítico inquietante. La población mundial vio los
desastres producidos en las dos ciudades niponas y comprendió la magnitud de los estragos que podía producir
este nuevo armamento. Las desoladoras imágenes de la
tragedia dieron la vuelta al planeta provocando un nuevo
motivo de terror.

Al principio tan sólo los americanos poseían la fórmula
de la bomba nuclear. Pero este monopolio duró muy poco y
pronto varios países consiguieron desarrollar armamento
nuclear mucho más potente que el que se había empleado
en las ciudades japonesas. El panorama de los años 50 del
pasado siglo era desolador: la URRS y Estados Unidos poseían armas capaces de acabar con la vida en la Tierra. Ambas
potencias estaban enfrentadas en la Guerra Fría y cualquier
pequeño detalle hubiera podido desencadenar una destruc-

ción masiva. Cada año había razones que hacían temer un enfrentamiento nuclear.

Albert Einstein, el cerebro más portentoso del siglo XX y el descubridor de la energía atómica, comentó que nadie sabía cómo sería la Tercera Guerra Mundial, pero que no había duda que la Cuarta sería a pedradas, puesto que la civilización habría perdido todo el avance tecnológico que había conquistado durante siglos.

Por tanto, a partir de los años 50 del pasado siglo, el terror nuclear empieza a ocupar un lugar importante entre los miedos de la población. Todo ello hace que sea comprensible que se convierta en uno de los fines del mundo posibles. Varias películas en la década de los años 50 hablaron de ese fatal desenlace creando un clima de desconfianza y de terror. El miedo se incrementó con varios hechos que demostraron lo fácil que sería que la Tierra acabara por culpa de sus pobladores. Esa amenaza era un peligro real que pendía sobre todos los habitantes del planeta.

La crisis de los misiles cubanos fue una advertencia muy seria. El gobierno de John F. Kennedy descubrió que la Unión Soviética estaba instalando armamento nuclear en Cuba. En la isla caribeña acababa de triunfar la revolución de Fidel Castro, que era mal vista por Estados Unidos. La Unión Soviética se ganó el favor de este país que tenía una ubicación clave por su cercanía a la potencia americana. Cuando los observadores del Pentágono dieron la luz de alarma, se desencadenó un conflicto que estuvo a punto de culminar con una guerra nuclear.

Si en ese momento el gobierno de Kennedy hubiera bombardeado a los soviéticos, seguramente la vida en nuestro planeta sería muy diferente a la que ahora tenemos. La guerra nuclear hubiera destruido el mundo que conocemos. Tras trece días de tensa negociación, se llegó a un acuerdo por el cual los rusos se comprometían a retirar su armamento de la isla. Se comenta que Kennedy se comprometió con Kruschev, el presidente soviético, a no invadir la isla a cambio de la retirada. El interrogante quedó pendiente: ¿qué hubiera acontecido si en el gobierno de ambos países hubiera habido dos presidentes más belicosos?

Fuera como fuese, lo cierto es que fue por muy poco que las dos potencias se enzarzaran en un conflicto bélico. Todo ello generó un estado de inquietud que sirvió para que se empezara a considerar que el final del mundo se debería a una guerra entre las potencias.

Además de la candente situación política se planteó la posibilidad de que un error humano provocara el desastre. Varios hechos hicieron crecer este temor. En 1979 una equivocación provocó que aviones norteamericanos y canadienses despegaran de sus bases con el objetivo de destruir a supuestas naves soviéticas. Durante seis minutos se instauró el estado de máxima alarma. Más tarde se descubrió que había sido un error del radar.

El 3 de junio de 1980 un error en la computadora central del Pentágono dio la señal de que habían sido lanzados unos misiles con cabezas nucleares desde Rusia con dirección a Estados Unidos. Durante tres minutos el gobierno norteamericano preparó un contraataque que sin duda hubiera desencadenado una respuesta letal por parte de los soviéticos. En el cuarto minuto se descubrió que todo se debía a un error. Se había estropeado una pieza que costaba 46 centavos de dólar. Este pudo ser el precio del final del mundo.

En los años 80 del siglo xx la amenaza nuclear se extendió también a las centrales que procesan esta energía. El desastre de Chernobil hizo temblar al mundo. No se trataba de un enfrentamiento entre dos potencias, sino de un accidente. Las centrales atómicas de todo el planeta eran posibles detonantes de un desastre nuclear.

En esos años el terror al desastre nuclear volvió a planear sobre el imaginario colectivo de la población. Varias películas se apuntaron a la moda. *El día después*, en la que se narraba lo que ocurría tras el desastre nuclear, impresionó al público, que salió a la calle exigiendo al gobierno americano el final de la Guerra Fría.

Finalmente, cuando Gorbachov llevó nuevos aires reformistas a su país e inició la *Perestroika*, el terror nuclear remitió. La caída del muro de Berlín y el final de la era comunista calmaron los ánimos. Rusia y Estados Unidos se comprometieron a destruir parte de su armamento nuclear. Librarse del uranio, que tarda miles de años en descomponerse, también sirvió para temer lo peor. Algunos de estos depósitos se enterraron en cápsulas blindadas a millones de metros de profundidad en el mar. Otras se enviaron al espacio exterior. De todas formas, todas estas operaciones suponían cierto peligro que inquietaba a la población.

En la actualidad, el panorama sociopolítico continúa siendo inquietante. El sempiterno conflicto árabe-israelí constituye uno de los focos de tensión que desencadena guerras que podían provocar el fin del mundo. India y Pakistán, dos países fronterizos con armamento nuclear, también podrían generar un conflicto peligroso. Por último, los hechos acontecidos el 11 de septiembre de 2001 acabaron con la era del desarme. El enfrentamiento entre Estados Unidos y el fanatismo islámico plantea un escenario frágil con un equilibrio ciertamente precario.

Para el experto en temas atómicos Stephen Young, de la *Union of Concerned Scientists*, el peligro de una guerra nuclear no ha desaparecido con el fin de la Guerra Fría, incluso podría haber aumentado. «Corremos un serio riesgo de que un error o un accidente provoque una catástrofe nuclear, ya que los sistemas de seguridad rusos son menos estables», asegura Young.

Actualmente Estados Unidos y Rusia conservan cada uno entre 5.000 y 6.000 cabezas nucleares. En el peligroso club atómico también se encuentran China, Reino Unido, Francia, Israel, Pakistán y la India, mientras que Corea del Norte e Irán están desarrollando su arsenal nuclear. No es exagerado afirmar que estamos viviendo sobre un polvorín. Cualquier pequeña tensión puede dar al traste con todos los planes futuros.

Tenemos un ejemplo reciente del peligro al que nos enfrentarnos. Según Peter Pry, ex miembro de la CIA y del Comité de Seguridad del Congreso de los Estados Unidos, un descuido estuvo a punto de costarnos nuestra permanencia en el planeta el 25 de enero de 1995. Ese día los radares rusos detectaron un misil nuclear Trident D-5, supuestamente lanzado desde un submarino estadounidense. Se dio la alarma y se iniciaron todos los preparativos para un ataque que podría haber devastado el mundo.

Los rusos sólo tenían ocho minutos antes del impacto y sus militares temían que se tratase de un primer misil cuya misión consistiese en bloquear las comunicaciones mediante una explosión de pulso electromagnético. Esto pintaba un panorama que obligada a tomar una decisión rápida y precipitada antes de que el contraataque fuera imposible.

Según Pry, Boris Yeltsin abrió el maletín nuclear y acercó el dedo al botón de destrucción. Tan sólo 30 segundos antes de que se acabase el plazo de respuesta, los radares rusos identificaron lo que era en realidad el misil: un cohete noruego para un experimento científico. Las autoridades rusas reconocieron después el incidente, aunque negaron algunos de los detalles de la versión de Peter Pry. Probablemente nunca sabremos con certeza qué es lo que sucedió durante esos críticos minutos.

El abuso del uranio empobrecido también ha servido para demostrar el devastador efecto que tienen las armas nucleares y atómicas sobre la población. Muchas víctimas se han visto afectadas por las terribles e irreversibles consecuencias de la mala utilización de la energía nuclear y todo ello ha dado mucho que pensar.

Este final del mundo parece en cierta forma «moderno», puesto que es una posibilidad que nace en la Segunda Guerra Mundial. Sin embargo, muchas profecías antiguas que hablaban de grandes explosiones se han interpretado posteriormente como vaticinios de un desastre nuclear que acabaría con el planeta.

Este final de todo resulta especialmente desolador porque en él es el hombre el que acaba con la vida en el orbe. Durante mucho tiempo se creyó que tal vez una guerra podía acabar con la civilización, pero el armamento disponible en aquel entonces no era capaz de aniquilar el planeta. En cambio, con la guerra nuclear esta posibilidad desaparecía. Las armas podían no sólo acabar con la civilización, sino con cualquier forma de vida.

Además se barajaba la posibilidad de que un accidente arbitrario pudiera desencadenar un desastre mundial. De esta forma, se podía dar una situación ridícula que acabara con el mundo. La vida en la Tierra podía extinguirse por la mala manipulación de una de sus energías más potentes que había encontrado el hombre y que siempre se ha utilizado para destrucción en vez de para la creación.

El cine, sobre todo en la década de los años 50 y posteriormente en la de los 80, en otro momento de tensión a escala mundial, ayudaron a darle una imagen concreta a este final del mundo. De hecho, los estudiosos explicaron todos los procesos que sufriría el planeta: la lluvia ácida, la contaminación del agua, la escasez de recursos… Se sabía exactamente lo que pasaría y eso hizo que fuera un temor mucho más real que los otros. En los años 80, la estética *cyberpunk* también sugería cómo sería el planeta. Muchas de estas visiones, como por ejemplo la de la película *Blade Runner*, estaban basadas en novelas de los años 50 y 60 (con Philip K. Dick encabezando la lista de escritores importantes). En estas visiones se imaginaba un mundo post-holocausto nuclear en el que las condiciones de vida eran mucho más duras. Los avances tecnológicos convivían con la pobreza y la falta de recursos naturales.

De esta forma se creó una idea muy aproximada de lo que podía ser el fin del mundo. Por ello, este tipo de imágenes quedaron grabadas en toda una generación que imaginó el final de los días de esta forma. Se conocían los detalles científicos y se podía recrear la situación que atravesarían los supervivientes. Estas fantasías solían ser bastante pesimistas, por lo que acaban insinuando que se trataría de una etapa de agonía que concluiría con el final de la Tierra. A veces se llegaba a insinuar que la única forma de sobrevivir sería buscando nuevos asentamientos para los humanos en otros planetas, donde los medios de supervivencia serían aún más hostiles. El avance tecnológico era la principal garantía de que los humanos pudieran colonizar otras partes del universo. Sin embargo, y siguiendo con ese tono pesimista, la vida era mucho más triste y menos fácil que la que había conocido la Tierra antes de ser destruida por la insensatez de sus habitantes.

A todo ello se juntaron una serie de profecías antiguas y modernas que vaticinaban el desastre nuclear. Estas predicciones, debido al cine y a la literatura, así como al miedo por la situación política, han llegado a adquirir gran realismo y se han convertido en uno de los temores más señalados como causa del final del mundo. En los siguientes capítulos se concretarán con más detalle las más famosas profecías que han discurrido en esta dirección.

La catástrofe medioambiental

Otro de los finales que tiene como autor al hombre es el del desastre ecológico. La acción depredadora del hombre contra la naturaleza podría acabar con los recursos naturales y provocar una situación adversa para prolongar su estancia en el planeta. De hecho, éste es un final largo y agónico que no se presenta como un camino hacia un futuro incierto y desfavorable. No se trata, como en la mayoría de los casos anteriores, de un final fulminante y traumático, sino de una larga y fatal agonía hacia una situación que finalmente sería insostenible.

Desde la Revolución Industrial, la temperatura media de la Tierra ha aumentado medio grado. La atmósfera está sufriendo inquietantes cambios. La concentración de CO_2 ha crecido un 25 por ciento; la de óxidos nitrosos un 19 por ciento; la de metano un cien por cien y la de los clorofluorocarbonos (CFC) un 200 por ciento. Así lo asegura un estudio realizado por Robert K. Kaufmann y David I. Stern, del Centro de Energía y Estudios Ambientales de la Universidad de Boston.

Las catástrofes ambientales podrían ser variadas. Últimamente destaca el agujero de la capa de ozono. Debido a la contaminación, al uso de CFC's (aerosoles) y a la deforestación de los bosques hemos ido perdiendo esta protección natural que nos brinda el planeta contra los rayos del Sol. Este paulatino desgaste está provocando ya el aumento de casos de cáncer de piel. Sin embargo, esto es tan sólo el principio de una serie de desastres. El agujero de la capa de ozono puede generar un cambio climático que podría variar para siempre las circunstancias de vida en la Tierra. Las principales consecuencias podrían ser la glaciación del planeta o el recalentamiento de los polos que generarían inundaciones. De hecho, este fenómeno no es nuevo.

Algunos científicos consideran que durante la Edad Media se dio una pequeña era de glaciación que duró 300 años y que empobreció y endureció la vida de los habitantes de nuestro planeta. Todo ello conllevó un atraso y se perdieron buena parte de los logros que se habían alcanzado en etapas anteriores. El hambre, las guerras y la enfermedad se extendieron por todo el planeta dando lugar a una de las épocas más grises de la historia. Nada garantiza que esto no pudiera volver a ocurrir.

De hecho, algunos estudiosos han datado ya este final. Según sus cálculos, en dos décadas la Tierra podía enfrentarse a un agujero de ozono que cambiaría drásticamente las condiciones de vida. Algunos creen que el cambio climático ya ha empezado. Los huracanes como el *Mitch* o los fenómenos meteorológicos como *El Niño* se han atribuido al temido agujero en la capa que nos protege del Sol.

De todas formas, estas predicciones podían esperar. Las últimas investigaciones han demostrado que el agujero ha menguado. Las últimas mediciones, realizadas durante el mes de septiembre de 2002, demuestran que la superficie del agujero es ahora de 15,5 millones de kilómetros cuadrados, el mejor dato desde 1998. El año anterior el agujero alcanzó los 26,4 millones de kilómetros cuadrados.

Pese a la buena noticia, no está claro que esta mejoría sea mérito de una conducta más considerada por parte de los moradores de la Tierra. Según Paul Newman, experto medioambiental de la NASA, «el agujero ha disminuido de tamaño debido a que las temperaturas han sido más altas de lo normal en áreas cercanas al Polo Sur, así como a una característica circular de los vientos que soplan en la estratosfera sobre la Antártida».

Otro desastre medioambiental es la deforestación de los bosques. El Amazonas, también llamado el pulmón del mundo, ha visto en los últimos años como su superficie disminuía drásticamente. La acción depredadora del hombre no tiene visos de acabar. La naturaleza parece un gran supermercado en el que uno puede servirse a su gusto. Sin embargo, todos estos recursos tardan siglos en renovar su *stock*. Basta con imaginar, simplemente, cómo era la vida hace cientos de años. Los pueblos, los bosques y la naturaleza dibujaban el hábitat natural del hombre. Ahora, en cambio, priman las ciudades, las calles de asfalto y los edificios que parecen tocar el cielo. Este cambio, según afirman los ecologistas, ha roto la estructura natural de la Tierra. Cada vez quedan menos bosques y éstos son utilizados para extraer de ellos todo el beneficio posible. Ello hace que aumenten las especies en vías de extinción. La cadena alimenticia se basa en un equilibrio natural y, cuando el hombre lo rompe, condena a muerte a la vegetación y a los animales que le sirven de alimento. Estas acciones pueden culminar con el agotamiento de los recursos naturales. Además, se ha de tener en cuenta el problema de la superpoblación. Cada vez hay más bocas que alimentar en el planeta porque la población crece mucho más que los recursos. Por ello, existen tantas y tan desgraciadas diferencias entre los países pobres y los ricos. Este problema podría generalizarse de forma que todos los habitantes padecieran hambre.

Algunos investigadores intentan encontrar nuevos alimentos. Sin embargo, algunos estudios han demostrado que los experimentos en este sentido tampoco servirían. Recientemente se descubrió que hay cápsulas que toman los astronautas que acaban provocando depresión. La razón principal es que el hombre está acostumbrado a involucrar a todos sus sentidos en el proceso de alimentación: la vista, el oído, el gusto, el tacto y el olfato. Una píldora no puede brindar ningún tipo de sensaciones, por lo que a la larga provoca un hartazgo y depresión.

La deforestación de los bosques no sólo afectaría desde el punto de vista de la alimentación. Las plantas renuevan el planeta, porque aspiran anhídrido carbónico y lo convierten en oxígeno. Los hombres necesitamos oxígeno para respirar. Por ello, la reducción de los bosques provoca que el ambiente sea cada vez menos respirable. Este punto conecta también con el fin del mundo debido a la contaminación ambiental. Los coches, las motos y todos los vehículos que funcionan con gasolina condenan al planeta a un empobrecimiento de la atmósfera. Las medidas que se quieren tomar para combatir este fenómeno no son seguidas por los principales países industrializados, que son los que producen mayor contaminación. Para muestra, un botón: los acuerdos de Kyoto siguen siendo más una declaración de buenas intenciones que un plan para luchar activamente contra la contaminación.

Algunos países han intentado tomar cartas en el asunto. En algunas partes del mundo, se insiste en que los coches circulen por turnos y, dependiendo de las matrículas, pueden transitar unos días en concreto. Sin embargo, esta medida que en principio parecía una buena forma de combatir el exceso de polución, ha sido desestimada por algunos de sus precursores. La principal razón es que descubrieron que los ricos solían comprar dos vehículos, con matrículas diferentes, para que las medidas no les afectaran. En otros países se ha intentado promover el día sin vehículos, pero estas propuestas suelen tener poco seguimiento por parte de la población.

El empobrecimiento del aire que respiramos puede aumentar los casos de cáncer de pulmón. En una etapa más avanzada podría, incluso, hacer irrespirable el aire. Ello provocaría que tuviéramos que movernos con mascarillas de oxígeno. También generaría la extinción de múltiples especies. Así, nos quedaríamos sin aire y sin alimentos. Esta amenaza, sin embargo, no es tenida en cuenta. Parece que mientras se pueda vivir en la Tierra, el hombre no hará nada para preservar el medio ambiente.

El tema de la polución ambiental enlaza con el de la contaminación del agua. Este líquido es nuestro bien más preciado y cada vez quedan menos ríos aprovechables para el consumo humano. Las fábricas vierten sus desperdicios en sus aguas provocando daños muchas veces irreversibles. Pero las grandes empresas no son las únicas causantes de estos desperfectos. Una pila de botón, por ejemplo, puede contaminar un río durante décadas. Sin embargo, pocos son los ciudadanos que acostumbran a reciclar su basura.

En algunos países se ha conseguido imponer esta práctica, pero son los menos. Los humanos producimos más desperdicios de los que podemos asimilar. La única esperanza sería el reciclaje, pero aún así es posible que quedaran muchas cosas que no pudieran reutilizarse. Hemos creado materiales demasiado complejos y en muchas ocasiones éstos no pueden volver a la naturaleza.

Todo ello plantea un inquietante futuro. Cada vez son más los desperdicios tóxicos y son menos las posibilidades de reciclarlos. Esto plantea una difícil situación con una todavía más difícil solución. Este panorama podría desembocar en un empobrecimiento de la Tierra y la pérdida de condiciones favorables para la vida en el planeta.

El final por razones ecológicas suele presentarse como una vuelta a los tiempos prehistóricos. Todo acostumbra a empezar con una época convulsa socialmente. Los gobiernos, incapaces de proporcionar soluciones a los ciudadanos, acaban hundiéndose. El caos reina y aflora lo peor de la naturaleza humana. La lucha por la supervivencia se acaba convirtiendo en una batalla cuerpo a cuerpo, en la que perece cualquier valor solidario. Finalmente, tan sólo quedan poblaciones aisladas de hombres que viven en el caos y que saben que están condenados a la muerte. La naturaleza ha sido destruida, la mayoría de animales han perecido y el hombre es el siguiente en la lista. Su desaparición es una larga agonía sin posibilidad de escapatoria.

En algunos casos, se brinda una esperanza. Se cree que después de esto, tal vez alguno pueda sobrevivir y reconstruir la civilización. Sin embargo, se trata del final de la vida tal y como la conocemos y una vuelta atrás en el tiempo de más de 2.000 años.

Éste no es el argumento de una película de ficción, tal y como podía parecer, si no el desenlace que muchas de las profecías que más adelante abordaremos le dan a nuestra presencia en el planeta.

Los vaticinios sobre el desastre medioambiental están habitualmente basados en teorías científicas que describen lo que ocurrirá si el hombre no cambia su relación con su entorno.

El auge de los movimientos ecologistas ha ayudado a conocer las perniciosas consecuencias que la acción humana provoca en la naturaleza. Por una parte, estos grupos han auspiciado un estudio científico sobre lo que ocurrirá. Por otra, se han dedicado a difundir estas teorías para que los gobiernos y los ciudadanos entiendan el peligro que se corre. En este clima, no es de extrañar que algunos hayan puesto fecha al final del mundo y que hayan explicado exactamente los pasos que nos conducirán a este fatal desenlace. Todo ello ha dado pie a una serie de profecías apocalípticas que suelen tener una base científica que explica el proceso que acabará con la Tierra.

La última plaga

La idea de que la humanidad podía perecer por una plaga es un temor que subyace desde hace siglos. La peste, durante la Edad Media, acabó con la tercera parte de la población. Desde entonces, el concepto de una enfermedad que acabara con los seres humanos ha rondado por la cabeza de profetas y adivinos. De hecho, en casi todas las religiones se describen castigos divinos en forma de terrible enfermedad que diezma a la población.

Este es un miedo endémico que provocó grandes profecías en la antigüedad. Nuestros antepasados, debido a la gran mortandad por enfermedades que en la época eran incurables, estaban convencidos de que una plaga podría acabar con la humanidad. Era normal, desde su mentalidad, que vieran posible ese final. Muchas enfermedades provocaban aislamiento social. La lepra, por ejemplo, era una de las más temidas. Sus enfermos eran aislados en sanatorios que tan sólo eran visitados por religiosos que no temían por su vida. Con el tiempo, sin embargo, se demostró que el virus que provoca esta dolencia no es contagioso.

Las malas condiciones higiénicas de épocas pretéritas y los escasos conocimientos médicos generaron un miedo a la enfermedad y el rechazo social del enfermo, que podía contagiar su mal al resto de la población sana. Este concepto estaba muy enquistado en la conciencia colectiva, por lo que no es de extrañar que surgieran muchas profecías que justificaban este rechazo.

De todos modos, el avance de la medicina cambió radicalmente este panorama. En las décadas de los años 50, 60 y 70 del siglo XX apenas aparecen vaticinios en este sentido. Es lógico: la medicina es capaz de curar enfermedades que hasta el momento eran causa de mortandad. La vacunación evita el riesgo de contraer dolencias que hasta entonces se saldaban cada año con víctimas mortales.

Sin embargo, a partir de los años 80 del siglo XX vuelven a aparecer profecías que apuntan a una gran plaga que acabará con la vida del hombre sobre la Tierra. La razón es evidente: el SIDA. Cuando parecía que la medicina podía acabar casi con cualquier enfermedad, llega una para la que no hay remedio. Es mortal y rápidamente se difunde entre la población. Pese a que sólo se puede difundir mediante el sexo, la sangre o por vía intrauterina, muchos son los que vuelven a aislar a los enfermos de SIDA, creyendo que así se están protegiendo del posible contagio. Los médicos siguen investigando sobre una vacuna que acabe con el síndrome de inmunodeficiencia adquirido. Hasta el momento han conseguido que los portadores del virus lleven una vida más o menos normal y no desarrollen la enfermedad que sigue latente en su organismo.

Los tiempos del SIDA volvieron a resucitar el ancestral miedo a una plaga demoledora de la que nadie podría librarse. De hecho, las cifras de mortandad por esta dolencia siguen siendo altas en todos los países del mundo, con especial incidencia en el continente africano.

Recientemente, una nueva amenaza se ha cernido sobre el hombre. El devastador ébola ha reactivado los temores. Su acción rápida y letal ha provocado que muchos vean en él a una de las plagas que profetizaron nuestros antepasados.

El primer brote de ébola fue detectado de forma casi simultánea en Zaire y Sudán en 1976. Se dieron quinientos casos con unos elevadísimos índices de mortalidad: el 88 por ciento de los enfermos murió en el Zaire y el 53 por ciento en Sudán.

Algunos estudiosos creen que el ébola fue ya el causante de una gran plaga ocurrida entre los años 430 y 425 a.C. La epidemia se saldó con la muerte de 300.000 personas. No es de extrañar, teniendo en cuenta que en aquella época había mucha menos población, que una plaga de este tipo fuera interpretada como el final de la humanidad.

En la actualidad, los científicos han podido aislar el virus. Sin embargo, éste acostumbra a mutar, por lo que es muy difícil de combatir. El brote más reciente tuvo lugar en Gulu, un distrito de Uganda, en el año 2000. Los virólogos siguen estudiando cómo luchar contra la enfermedad. Según los especialistas, el ébola, que provoca fulminantes fiebres y hemorragias, podría convertirse en una enfermedad devastadora. La única causa por la que no se extiende con mayor rapidez es porque produce una muerte tan rápida e inesperada que el enfermo no tiene tiempo de contagiar a nadie. Sin embargo, si se dieran varios casos al mismo tiempo, podrían alcanzar a un grupo mucho más grande de población produciendo una epidemia mortal para la humanidad.

Estos dos virus han provocado de nuevo el miedo entre la población y han hecho que resurjan las antiguas profecías sobre plagas. De hecho, le han demostrado al hombre que aún no ha vencido su lucha contra la enfermedad. El avance de la medicina ha sido portentoso en el último siglo, sin embargo todavía hay enfermedades que siguen sin cura y que podrían provocar el fin del mundo.

Hasta el momento nos hemos referido a virus naturales, pero existe aun un temor mayor a la fabricación de virus de laboratorio. De hecho, hay varias teorías conspiratorias que señalan que el SIDA pudo deberse a un experimento. Este punto ha sido negado enérgicamente en más de una ocasión, en cambio sí se sabe que podrían haber otros virus creados con fines mortíferos.

El ántrax, muy parecido al antiguo carbunco, es un buen ejemplo de ello. Las cartas que contenían el virus y que llegaban a enclaves estratégicos de Estados Unidos crearon el terror en la población. Durante mucho tiempo se creyó que los responsables de estos terribles envíos eran fanáticos islamistas. Posteriormente se comprobó que se debía a un plan de la extrema derecha. De todas formas, el hecho demostró lo fácil que era esparcir un virus creado en un laboratorio.

Cualquier virus puede, por lo tanto, convertirse en un arma contra un país enemigo. De hecho, es mucho más económico que el armamento convencional y puede trasportarse con gran facilidad. Por correo o infectando el aire puede conseguirse un efecto letal. Stephen Hawking, el eminente científico británico, cree que el avance de la biotecnología condenará al mundo. Según las predicciones del pesimista especialista: «Estará al alcance de cualquier grupo terrorista o fanático religioso crear un virus mortal capaz de acabar con el ser humano. No creo que la raza humana sobreviva otro milenio».

Durante la guerra de Irak los gobiernos occidentales temieron que terroristas islámicos propagaran una antigua enfermedad: la viruela. Se trataría de una versión más peligrosa modificada en un laboratorio. Buena parte de los países que apoyaron el conflicto bélico compraron ingentes cantidades de vacunas contra esta dolencia por temor a un ataque con este virus.

Todo ello demuestra lo fácil que sería introducir un virus en cualquier parte del país. La fabricación de estos virus es relativamente barata. Además, se pueden modificar para conseguir que sus efectos sean todavía más letales. Sin embargo, así como fabricar un virus es relativamente fácil y barato, encontrar un antídoto es muy difícil y supone un coste elevadísimo. Además, es un proceso muy lento, por lo que los efectos de la epidemia pueden propagarse durante mucho tiempo.

Todo ello nos vuelve a referir a un panorama en el que el hombre vuelve a ser responsable de su propio final. Al igual que ocurre con la energía nuclear, los avances tecnológicos mal empleados conducen al final de los tiempos. El hombre es incapaz de aprovechar los logros médicos exclusivamente para procurar una mejor calidad de vida. Finalmente, tiene que utilizarlos para destruir vida en vez de crearla.

El Juicio Final

Sin duda, el Juicio Final es uno de los temas más recurrentes que encontramos en casi todas las religiones conocidas. Tan sólo se libran de él los credos animistas, que consideran que los espíritus de los muertos siguen en el mundo y en cierta forma se reciclan o, en algunos casos, se reencarnan.

Las religiones trascienden lo humano y hacen consciente al hombre de su espiritualidad. Por ello, lo que ocurre en este mundo no deja de ser un preludio de lo que acontecerá cuando nos libremos de la carne y seamos sólo esencia o espíritu. Casi todas las religiones en las que aparece un Juicio Final siguen el patrón de la católica, que es la que tomaremos como ejemplo por su proximidad. Cuando un hombre muere, Dios lo condena al infierno o se lo lleva al cielo. Todo dependerá de cómo se haya comportado en la Tierra. Este es el mecanismo que funciona en casi todas las religiones. La diferencia simplemente consiste en saber qué valores priman en la religión para ir al paraíso y/o arder bajo tierra. En este punto, por ejemplo, hay religiones «guerreras» como podía ser la vikinga o algunas ramas del Islam, que consideran que si un hombre muere en un combate por una causa justa va directamente al cielo. Estas religiones diseñan un comportamiento social. Normalmente, estas normas iban encaminadas a cohesionar el grupo y conseguir un comportamiento que permitiera el desarrollo. Por ejemplo, robar es un pecado porque si todo el mundo robara nadie produciría nada y se llegaría a un estancamiento. La moral religiosa se crea para conseguir un marco de convivencia aceptable.

Sin embargo, la mayoría de las religiones no acaban ahí. El mundo espiritual es eterno, pero la carne está condenada a la muerte. Por ello, todos los credos suelen tener dos puntos en común: describen el origen del mundo y relatan cómo será su final.

Presentan un final individual que acaba con la muerte de cada uno y después describen otro colectivo, en el que el mundo toca a su fin y, liberados de los pesos de la materialidad, podremos vivir en el mundo espiritual.

Este concepto se adapta perfectamente a casi cualquier religión. El principio es que nosotros, como humanos, somos incapaces de entender que nada sea infinito. Nuestra vida tiene principio y fin y casi todo lo que conocemos empieza y acaba. Por ello, desde una mentalidad humana, no podemos concebir que el mundo sea infinito, que no tenga principio ni fin. Por ello, con nuestra naturaleza corpórea podemos vivir en un mundo que algún día se acabará. En cambio, nuestra naturaleza espiritual podrá extenderse hasta el infinito.

Los finales del mundo que plantean las diferentes religiones son siempre bruscos. En algunas se vaticina una serie de síntomas que marcarán el principio del fin. A partir de ese momento, cada religión ofrece una serie de razones diferentes que acabarán con la vida en la Tierra. Muchos estudiosos las han interpretado en las claves antes explicadas: una plaga, una guerra nuclear, una invasión extraterrestre… Lo cierto es que estas explicaciones acostumbran a ser bastante metafóricas por lo que abren el camino, como veremos en otros capítulos, a todo tipo de especulaciones.

El final del mundo es para casi todas las religiones un momento de alegría. En este mundo, el culto a la espiritualidad y a Dios ha estado siempre sometido a la sociedad y a las necesidades cotidianas. En cambio, el fin de todo se presenta como el gran momento de la religión, en el que sólo importa haber llevado un comportamiento acorde con los principios marcados por el credo de cada creencia. Se trata, por lo tanto, de un final liberador que no se debe temer sino esperar con impaciencia.

Todo ello ha propiciado que muchas sectas que han aparecido a la sombra de las grandes religiones interpretaran estos hechos a su gusto para captar más adeptos. De hecho, una de las características que sirve para saber si un culto es una secta es conocer la proximidad del final del mundo. Cuanto más cerca está de la actualidad, más posibilidades hay de que nos encontremos ante una organización de carácter sectario. Las sectas emplean el fin del mundo como una forma de asustar y cohesionar a sus adeptos. Por una parte, les espantan con un final inminente, en el que todos perecerán. Tras asentar ese miedo en su conciencia, les brindan la oportunidad de librarse perteneciendo a su grupo. Así se crea el espejismo de que son los elegidos, a la vez que se consigue que desarrollen el sentimiento de pertenecer a un grupo.

Este mecanismo de presión no tiene nada que ver con el final que reflejan las grandes religiones. Éste nunca tiene fecha y ningún estudioso de los libros sagrados se atreve nunca a ubicarlo en el tiempo. Nadie sabe cuándo será, pero todos creen en que el mundo material no puede durar eternamente...

Capítulo II

EL FINAL DEL MUNDO
EN DIFERENTES CULTURAS

En cada cultura, en cada religión, en cada mitología aparece una visión del final de los tiempos. Éste es un dato que ha intrigado a los antropólogos que han estudiado el fenómeno. Las diferentes culturas tienen valores completamente diferentes que en algunos casos pueden llegar a ser opuestos. Sin embargo, hay un punto de confluencia que se repite en todos los relatos.

¿Cómo puede ser que casi todas las sociedades del mundo preconicen de un modo u otro su final? Las versiones a veces son distintas, a veces parecidas, pero eso no importa, lo que parece verdaderamente sorprendente es que los hombres, vivan en la parte que vivan del planeta Tierra, tengan claro que su presencia no será eterna. ¿Pesimismo existencial? Algunos creen que se trata de eso. Otros, en cambio, consideran que esa concepción está arraigada en los genes humanos. La razón podría ser que todas las razas primitivas tuvieron que enfrentarse a terribles cambios que parecían preconizar el fin de la especie humana. Desde ese momento, la posibilidad quedó inscrita en nuestros antepasados y se ha mantenido vigente durante generaciones.

Los estudiosos del tema no tienen una respuesta inequívoca a este fenómeno repetitivo. Para comprenderlo mejor, deberemos acercarnos a cada uno de estos vaticinios. Desde la tradición oral, la religión escrita o los relatos literarios, encontramos un sinfín de explicaciones que con todo lujo de detalles explican cómo, por qué y en algunos casos incluso cuándo se acabará el mundo.

Existe otra coincidencia que podrá apreciarse en este capítulo. Buena parte de estas profecías coinciden en la forma en la que llegará el final de los tiempos. Las grandes religiones apuntan siempre la llegada de un mesías o de un dios. Éste conseguirá un reinado de paz en la Tierra que durará un tiempo indefinido. Cuando concluya, se acabará el mundo. No deja de ser paradójico que todas las grandes religiones profeticen un final tan parecido.

En muchos casos, algunos estudiosos han interpretado estos hechos. Cuando nos topemos con estos episodios, añadiremos también las explicaciones que se les han dado a lo largo de la historia.

Este será un repaso exhaustivo en la medida de que el formato de este libro lo permita. Se resumirán las teorías más conocidas, pero forzosamente se deberán excluir algunas. Para hacer esta selección nos hemos decidido por mostrar las mayoritarias, las que cuentan con más pruebas que las avalan y más estudios que las refrendan. Existen otros casos que no podrán tener cabida, ya sea porque son excesivamente minoritarios o porque no hay pruebas suficientes para que cuenten con cierto grado de credibilidad.

Egipto: El misterio de la pirámide de Keops

La pirámide de Keops, según algunos estudiosos, posee casi todas las profecías de lo que ocurriría en la historia de la humanidad. Y, naturalmente, acababa ese periplo sobre los acontecimientos más destacados con el fin del mundo. Las pinturas que decoran la célebre pirámide constituyen, para algunos que las han interpretado durante años, una crónica de la historia del hombre.

Pero empecemos por el principio. La Gran Pirámide, que es el nombre que recibe popularmente este monumento, fue construida durante el reinado de Keops, que según los expertos tuvo lugar en el 2600 a.C. Según algunos cronistas de la época, su construcción duró veinticinco años. Ése es un misterio que todavía no ha podido ser aclarado por ningún egiptólogo. La precisión del tallado de las piedras, su transporte y su posterior edificación eran técnicas que difícilmente podían ser conocidas en la antigüedad. Sin embargo, ahí está la pirámide, quizá para demostrar que sus constructores conocían secretos que nosotros ignorábamos. O tal vez para demostrarnos que no valoramos o no conocemos los logros de esta antigua y enigmática civilización.

Sea como fuere, y centrándonos en el asunto que nos interesa, desde su entrada, la Pirámide de Keops presenta una serie de grabados que pueden ser interpretados como una cronología de la historia de la humanidad. El interrogante es cómo alguien pudo escribir esa cronología 8.000 años antes de que ocurrieran todos los hechos que se iban a narrar.

La forma es ciertamente curiosa. A través de la estructura de la pirámide se pueden interpretar las fechas más importantes para la historia de la humanidad. La primera fecha es el 4000 a.C., que corresponde al año en el que se edificó la famosa estructura. Después, pasamos a otro momento de vital importancia, el 2513, que en nuestro calendario corresponde al 1486, justo el año en que los judíos se fueron de Egipto guiados por Moisés y dando lugar al famoso Éxodo que aparece narrado en la Biblia.

También aparecen fechas de guerras importantes de todos los tiempos. Los últimos conflictos señalados en la pirámide son la Primera y la Segunda Guerra Mundial. Y una vez concluidos los conflictos bélicos, nos acercamos al final del mundo conocido. Los estudiosos aseguran que la fecha marcada por la pirámide va desde 2001 a 2030. No han podido concretar exactamente el año, pero están convencidos de que el final acontecerá en un espacio comprendido entre estas dos fechas.

Sin embargo, no todos están convencidos de que sea un final definitivo. Parece una época convulsa, con muchos conflictos y guerras, así como desastres naturales. Después de la misma se anuncia el advenimiento de una nueva raza de hombres. No se especifica nada más. Algunos egiptólogos creen que el hombre tendrá que atravesar durante un tiempo terribles penurias y que a partir de entonces, para adaptarse al nuevo medio, surgirá una raza de hombres evolucionados que vivirán en paz.

Sin embargo, también hay otro tipo de predicciones un tanto menos halagüeñas y que tienden al pesimismo. Según éstas, no hay más fechas señaladas en el curso de la humanidad, lo que viene a significar que ésta se acaba. El final de la Pirámide es el final de los tiempos y de todo lo conocido hasta el momento.

Otros, por último, consideran que lo que ocurre es que la visión del futuro que podían tener los antiguos profetas egipcios era limitada. Podían llegar hasta el año 2000 y algo de nuestra era, que es mucho, pero no podían ver más allá. Por ello, a partir de esa época, vaticinaban algunos conflictos pero no conocían el desenlace.

Los teóricos de la materia no alcanzan un consenso, pero no deja de ser sorprendente que hace tantos millones de años ya se pudieran prever los hechos más importantes que acontecerían en nuestra historia y se tuviera claro que el final de los tiempos ocurriría.

El oráculo de Delfos

El centro de predicción más famoso de la antigüedad fue sin duda Delfos, un templo erigido en honor al dios Apolo. Según explica la leyenda, Zeus quiso conocer el punto más céntrico de la Tierra. Para ello, envió a dos aves desde cada uno de los extremos del mundo. Ambas volaban a la misma velocidad y acabaron encontrándose justo en Delfos, una ciudad conocida también como «el ombligo del mundo».

Los sacerdotes de Delfos consiguieron que el templo se convirtiera en lugar de peregrinaje de la antigüedad. Allí acudían reyes, soldados y simples ciudadanos que necesitaban saber qué les deparaba el futuro.

El oráculo hablaba a través de la sacerdotisa. Se sabe que en un principio ésta tenía que ser joven y virgen, pero con el tiempo también hubo adivinadoras más mayores que habían renunciado a la vida mundana para convertirse en un instrumento de los dioses. El oráculo solía hablar con muchas metáforas que muchas veces no eran comprensibles. Los sacerdotes tomaban buena nota y luego las interpretaban.

Algunos creen que los aciertos del oráculo se debían a que los sacerdotes eran bastante precavidos y no se arriesgaban. Siempre procuraban consejos que por lógica fueran a cumplirse. De esta forma conseguían que los mandatarios llevaran a cabo una política bastante conservadora. Sin embargo, hay varias coincidencias que aparecen en los libros de crónicas de la época y que han hecho que muchos de los estudiosos de la materia crean que la fiabilidad del oráculo no se debía a la casualidad.

Phalantos era un espartano que iba a iniciar un viaje colonizador a tierras italianas. Antes de empezar su ambiciosa empresa quiso visitar al oráculo para saber lo que el futuro le deparaba. La pitonisa fue críptica y le dijo que tomaría la ciudad de Tarento cuando una lluvia le acariciara desde un cielo claro. Justo antes de empezar la batalla, la mujer de Phalantos se abrazó a él y empezó a llorar. Sus lágrimas bañaron su cuello y entonces el espartano comprendió las palabras de la pitonisa: su mujer se llamaba Aithra, que significa «cielo claro».

Creso, rey de Lidia, pretendía saber cuál de todos oráculos era más fiable. Para ello envió a varios mensajeros a todos los lugares conocidos donde se practicaba la adivinación. Tan sólo les hacía una pregunta concreta: ¿qué estaba haciendo Creso en ese momento? El único templo que fue capaz de dar con la respuesta correcta fue Delfos. En aquel momento el rey estaba hirviendo una tortuga en una cacerola de bronce. El monarca confió en el oráculo y le preguntó qué ocurriría si invadía Persia. La pitonisa le contestó que caería un imperio, pero no le dio más detalles. Finalmente, el imperio que cayó fue el suyo.

Y así, encontramos un sinfín de historias sobre los poderes proféticos de este punto de peregrinación. ¿Habló alguna vez el oráculo del fin del mundo? Ésta es una pregunta que intriga a todos los investigadores del tema. Lo cierto es que no se sabe a ciencia cierta. El Templo poseía grandes tesoros que habían sido regalados por los reyes agradecidos por sus servicios. Cuando se desmanteló, estos botines fueron saqueados por diferentes pueblos durante siglos. En esos saqueos también se perdieron los escritos que anotaban las predicciones de las pitonisas. Por tanto, no hay ninguna prueba fehaciente que permita aventurar la opinión que tenía el Oráculo de Apolo sobre el fin de los tiempos.

De todos modos, hay una historia que ha pasado de generación en generación y que aparece en algunos libros antiguos. Por lo visto, un sacerdote ateniense llegó hasta Delfos para interrogar a la pitonisa sobre el final del mundo. La pitonisa le respondió que el final tendría lugar al cabo de unos siglos y que tan sólo quedarían piedras como testigos de la historia.

Esta afirmación ha dado pábulo a muchas especulaciones. Algunos consideran que la visión era la de Delfos después de ser saqueado. El final del mundo en este caso era el final del templo. Es probable que para los que vivían allí, el mundo significara la ciudad de Delfos y de ese modo se vaticinara su final.

Sin embargo, otros creen que verdaderamente se trataba de una predicción del final del planeta Tierra. Todas las especies desaparecerían y sólo quedarían piedras. Edificios vacíos, construcciones que nadie podría utilizar... Ésta es una visión apocalíptica que bien podría ser el resultado de una explosión nuclear o de cualquier otro cataclismo.

La rueda maya

El imperio maya fue uno de los más avanzados de la antigüedad. El genocidio de los conquistadores españoles apenas nos ha dejado unos vestigios de lo que fue, pero no hay duda de que se trató de una de las civilizaciones más esplendorosas que ha habitado en nuestro planeta.

Los estudiosos precolombinos dan fe de ello. Por ejemplo, se sabe que los cálculos astronómicos eran los más avanzados de la época. Nadie llegó a conocer con tanta precisión los movimientos de los astros y se predijo de forma más certera los eclipses. Estos conocimientos se aplicaban a las cosechas. Los mayas podían prever cuándo el tiempo y los astros les procurarían alimento y cuándo tenían que almacenar víveres porque malos tiempos se avecinaban.

Los cálculos matemáticos también eran sorprendentes. Pocas pruebas han quedado de ellos, pero las que se conservan demuestran que en aquella época habían desarrollado el cálculo matricial, que en Occidente se descubrió muchos años después y que sirvió para el desarrollo de la informática.

En el campo del arte, las obras, en su mayoría destruidas, eran de una perfección técnica que sorprendía a los estudiosos de arte. De hecho, se las considera superiores a las que habían creado los griegos y romanos e incluso a las hindúes. Se cree que los elementos que empleaban fueron importados por los conquistadores y permitieron el avance que culminó en el Renacimiento.

Y en todo este contexto cultural no hemos de olvidar la quiromancia, que formaba parte de la vida cotidiana de los habitantes del imperio maya. Los rituales de adivinación eran muy populares en aquella época y tenían mucho que ver con su religión. Sin embargo, no se practicaban exclusivamente en los templos. Mucha gente acudía a consultas de quirománticos que les leían el futuro y les aconsejaban en las pequeñas decisiones cotidianas.

Paralelamente a estos métodos de adivinación que servían para la vida práctica, encontramos los religiosos, que tenían como objetivo explicar el futuro de los pueblos y entender qué ocurriría, por qué y cuál era el mejor método de actuar cuando llegaran los hechos que se describían. Se ha de tener en cuenta que las predicciones de futuro no eran taxativas, los mayas creían que se podía cambiar el flujo de los acontecimientos si se sabía cómo se iban a desarrollar. Por ello, le otorgaban una importancia clave al conocimiento del futuro.

La religión maya, así como sus profecías, tiene una estructura cíclica. Es parecida a la teoría de eterno retorno que en el siglo XIX apuntaron los filósofos alemanes. Según la concepción maya, la historia era una rueda. Cada ciclo concluía cuando esa rueda volvía a la posición inicial. Entonces se acababa con el mundo anterior y empezaba uno nuevo. Normalmente, era una época de destrucción que daba lugar a una nueva creación que repetía el mismo proceso que la anterior.

Esta forma de ver la sucesión de los tiempos no es lineal y por tanto no permite un final del mundo de manera absoluta. Según los mayas, se destruía cíclicamente y se volvía a reconstruir. Por tanto, convivían con el final de su historia y lo aceptaban como algo inexorable, pero no definitivo.

En este sentido, era muy importante almacenar la historia, todo lo que había ocurrido, para volverlo a reinterpretar en un futuro. Los mayas fueron grandes historiadores que recopilaron los hechos ocurridos en su civilización desde tiempos inmemoriales. El problema es que todo este gran legado que hubiera permitido conocer más sobre el pasado de los mayas y, en definitiva, de nuestro planeta, fue aniquilado por los conquistadores.

Lo que no se destruyó durante la conquista fue quemado por los evangelizadores, que creían que las tradiciones les impedían abrazar la fe cristiana. Por tanto, pocos documentos han llegado hasta la actualidad y los que han sobrevivido al expolio presentan grandes problemas de interpretación.

Los mayas, al creer en esta concepción cíclica de la vida, daban la misma importancia al pasado y al futuro. Las predicciones y lo que había sucedido se mezclaban en los documentos que conservaban. Por lo tanto, al haberse perdido buena parte de ellos, resulta actualmente casi imposible dilucidar historia y profecía. Se han conservado pedazos de una y otra mezcladas y son casi imposibles de clasificar.

Lo que sí se sabe es que vaticinaron con total acierto el final del mundo que estaban viviendo. La llegada de un hombre blanco acabaría para siempre con la vida que conocían. A partir de ese momento, empezaría una nueva era. La destrucción caracterizaría este amargo tránsito. Por ello, cuando las tropas españolas de Hernán Cortés llegaron a la región, nadie se sorprendió. Los mayas asumieron su sino y supieron que su mundo se destruiría para volver a renacer tiempo después.

Algunos estudiosos de esta civilización mantienen que preconizaron un nuevo final. Siglos más tarde, una civilización más preparada se impondría al hombre blanco y aniquilaría el mundo que éste había creado. Eso es lo que aparece en la mayoría de los vestigios que se han podido conservar.

¿Cuál será esa nueva civilización que marcará el final del mundo? A partir de aquí es imposible encontrar coincidencias unánimes entre los estudiosos de la cuestión. Cada uno da un significado diferente a las profecías mayas y ninguno parece poder imponerse al otro. Nos faltan documentos y pruebas para que el estudio pueda ser inequívoco.

Algunos son partidarios de que esa nueva civilización es una raza diferente. Así como los blancos acabaron con los indios, se espera la llegada de otra raza que acabará con la supremacía del hombre blanco. En este sentido, algunos creen ver una invasión china. La raza amarilla debía ser tan extraña para los mayas como la blanca. Por ello, el nuevo hombre podría pertenecer a esta raza. Varios estadistas consideran que la potencia del futuro será China, por lo que no resultaría extraño que este pueblo acabara con los valores occidentales y creara una nueva concepción del mundo. Es una posibilidad que últimamente está tomando bastante fuerza.

Por otra parte, existe otra interpretación de los hechos vaticinados por los mayas según la cual el nuevo hombre es extraterrestre. Una civilización venida de otro planeta podría acabar, de este modo, con la vida en la Tierra y crear un nuevo ciclo, una nueva forma de vida. El final sería definitivo para los pobladores de la Tierra, pero no para la historia de ésta. Así se ratifica el concepto de que, pase lo que pase, la rueda de la historia seguirá girando. El escenario sería el mismo, sólo cambiarían sus protagonistas.

Por último, algunos interpretan estos hechos en relación a la Atlántida. El continente sumergido en las aguas podía volver a salir a la superficie. Sus moradores serían una nueva raza de hombres que había aprendido a vivir bajo la superficie del mar. De esta forma, se volvería a un ciclo de la historia todavía más remoto: cuando los atlantes vivían en la Tierra. Ellos serían los «nuevos hombres» que asumirían el poder y que guiarían el destino de la Tierra. Los defensores de esta hipótesis no especifican si aniquilarían a los humanos o simplemente ejercerían un poder político. Esta interpretación también encaja con las teorías mayas que consideran que para pasar de un ciclo a otro tiene que haber grandes catástrofes. En este caso, el movimiento sísmico que provocaría el reflote del continente hundido garantizaría la dosis necesaria de cataclismo para acceder a una nueva era.

Las profecías Kate-Zahl

Siguiendo con las culturas precolombinas, debemos fijarnos en las profecías aztecas. El pueblo azteca tenía, también, una cultura avanzadísima con destacados conocimientos de astronomía. Sin embargo, las predicciones del futuro no destacaban en sus creencias. Es cierto que había algunas, pero fue un pueblo especialmente dedicado a la adivinación de lo que había de acontecer en un futuro próximo.

Las principales profecías aztecas eran robadas. Sí, tal y como suena. Se las arrebataron a uno de los pueblos que conquistaron: los toltecas. Cuando los aztecas entraron en este pueblo, encontraron a sus pobladores dispuestos a ser conquistados. Así lo decían sus predicciones y por lo tanto se habían conformado con que ese fuera su futuro.

Esta actitud sorprendió tanto a los aztecas que empezaron a estudiar las profecías del pueblo tolteca y allí encontraron las predicciones de Kate-Zahl. Todo parece indicar que este visionario vivió en el año I d.C. Y sus dotes para ver el futuro le convirtieron en el líder espiritual de su pueblo, pese a que sus seguidores no ganaban para disgustos, ya que sus profecías eran bastante tétricas.

Kate-Zahl explicó que Tula, la capital del pequeño imperio tolteca, sufriría un devastador terremoto. Después del mismo, otra tribu vecina, la de los aztecas, invadiría la región y asimilaría su cultura a la del vasto imperio que estaban construyendo.

Este hecho era sorprendente para los aztecas, pero no aportaba información nueva. Sin embargo, lo que sí resultaba revelador era lo que ocurriría después. Según explicaba, el imperio azteca perecería cuando llegaran unos hombres con barba, vestidos con metal y con unos bastones que escupían fuego y que eran capaces de matar a gran distancia. Era la visión más concreta que un indio barbilampiño podía hacer de los hirsutos conquistadores, ataviados con sus armaduras y armados con fusiles.

Según explicó con gran precisión Kate-Zahl, primero se acercarían en son de paz, pero el profeta aconsejaba a los toltecas no fiarse de esas pretendidas buenas intenciones. Era una excusa para ganar tiempo. Así que les recomendaba huir a la selva, enterrar sus libros sagrados y esperar ahí todo el tiempo que pudieran.

Aquella revelación dejó boquiabiertos a los aztecas. Algunos creyeron en lo que explicaban aquellos textos y otros, que no estaban acostumbrados a creer en las predicciones, quisieron olvidarlos. Sin embargo, cuando Hernán Cortés desmanteló el imperio azteca, seguramente muchos recordaron las palabras del profeta tolteca. También predijo que aquella invasión destruiría la ciudad de Tula, que sería reducida a escombros.

Las predicciones de Kate-Zahl no quedaban ahí. También explicaba lo que pasaría después. Según sus vaticinios, el hombre blanco empezaría a fabricar armas más potentes que finalmente le conducirían a su propia aniquilación. No daba fechas concretas, pero aseguraba que la destrucción del mundo ocurriría cuando la ciudad de Tula fuera descubierta y estudiada.

Sin embargo, pese a todos estos augurios tan poco halagüeños, la historia de Kate-Zahl tenía un final feliz. Según explicaba, después de la destrucción total del planeta, los toltecas, con sus hermanos de todo el mundo y de todas las razas reconstruirían la ciudad y repondrían sus textos sagrados. A partir de ese momento, empezaría una etapa gloriosa para los supervivientes de la masacre.

De hecho, en las últimas etapas de su vida, Kate-Zahl se dedicó a explicar cómo sería ese nuevo y maravilloso mundo. Según ha quedado registrado en uno de los libros sagrados, el propio profeta dijo:

«Dejé de ver la era de la destrucción. Ya había pasado la era de la Guerra. Veía más allá de la era de la carnicería... Tula brilla con toda su gloria, aunque los metales me resultan desconocidos. La gente viste con tejidos que no conozco y viaja de manera que nos resulta inexplicable. Ha desaparecido de los rostros la huella del temor y del sufrimiento».

Hay varias teorías que consideran que la figura de Kate-Zahl es la misma que la de otro gran profeta azteca llamado Quetzalcoatl. Es posible que para no reconocer que las profecías provenían de un pueblo invadido, los aztecas se inventaran esta figura, que sería portadora del mismo mensaje que el verdadero profeta.

Según los aztecas, Quetzalcoatl era un hombre que llegó hacía mucho tiempo proveniente de Oriente. Les brindó sus avanzados conocimientos a los aztecas e intentó darles un código de comportamiento moral. Los aztecas aprendieron toda su sabiduría pero no obedecieron sus costumbres. Ello provocó que Quetzalcoatl se enfadara y se volviera a su país. Antes de irse, prometió que volvería con sus descendientes y les haría pagar por sus pecados. Cuando volviera, ocurrirían una serie de hechos que anunciarían claramente su retorno.

El primero sería la aparición de una llama en el cielo. Según explican los cronistas, Moctezuma estuvo a punto de perder la razón cuando vio un cometa que apareció en mitad de la noche y que estuvo en el firmamento hasta que salió el Sol. Los aztecas, como se ha comentado anteriormente, eran grandes astrónomos, por lo que parece sorprendente que se asustaran por un fenómeno celeste. Al no encontrar explicación, todos creyeron que se estaba empezando a cumplir la profecía de Quetzalcoatl.

Este adivino predijo que antes de la invasión, arderían, sin razón aparente, varios templos. El gran templo de la capital empezó a arder sin que nadie pudiera dilucidar cuál había sido la causa que había provocado el incendio. Según explican las crónicas, el fuego salía de dentro de las maderas. El agua no servía para que remitieran las llamas, más bien al contrario, hacía que estas prendieran con más furia.

Al cabo de pocos días, los aztecas volvieron a recibir otra de las señales que había vaticinado Quetzalcoatl. Un rayo sin trueno cayó sobre el templete del dios del fuego. La construcción fue pasto de las llamas. Moctezuma empezó a preocuparse por todos aquellos extraños hechos que vaticinaban el final de su imperio. Reunió en su corte a brujos, adivinos y consejeros, pero nadie parecía poder dar una explicación a lo que estaba ocurriendo.

En un lugar de la costa se levantó una gran tempestad. No era tiempo de lluvias y nadie estaba preparado para aquello. El agua se desbordó y acabó destruyendo varias casas que estaban muy cerca de la costa. La población estaba desesperada. Todos intuían que aquel era el final de su mundo. Y no les faltaba razón.

Por último, hay una historia que algunos creen cierta y que otros consideran que pertenece al folclore. Según se cuenta, en aquellos días, cayó del cielo un ave del tamaño de una grulla que fue recogida por los pescadores y llevada ante el emperador. El animal tenía un espejo en la cabeza. Moctezuma se acercó a mirar su reflejo y vio unas estrellas. Presa del miedo, se apartó para volver a mirar unos segundos más tarde. Entonces descubrió que en la cabeza del animal se veían tropas a caballo que invadían todas las partes del imperio.

Nadie supo darle una explicación al emperador de qué significaban aquellas visiones. Así que aquella misma noche, Moctezuma hizo emparedar o estrangular a casi todos los sacerdotes que había en palacio. Suerte semejante corrieron los consejeros, que tampoco sabían qué recomendaciones proporcionar al soberano.

Pocos días después, los españoles desembarcaron en las costas aztecas y Moctezuma comprendió qué significaban todos aquellos símbolos que años atrás había vaticinado Quetzalcoatl.

La última tribu inca

Sin duda, uno de los casos más sorprendentes en el mundo de las profecías lo encontramos en los Q'ero, los últimos incas. Este pueblo conocía las profecías que auguraban su final a manos de los colonizadores españoles. Para rehuir al fatal destino se refugiaron en los Andes, a 4.000 metros de altura. Seiscientas personas vivieron allí durante siglos, ajenos a lo que ocurría en el resto del mundo.

En 1949 fueron encontrados por el antropólogo Óscar Nuñaz y en 1955 se realizó la primera expedición occidental a la zona. En 1959, los Q'ero, vestidos con el emblema del sol inca, anunciaron que el cumplimiento de las profecías que auguraban el fin del mundo estaba muy cerca.

Para cumplir las profecías, un grupo de Q'eros, liderados por el chamán de la tribu, se dirigieron a Estados Unidos y visitaron varias ciudades. En Nueva York, en la catedral de San Juan el Divino, realizaron un ritual chamánico que no se celebraba desde hacía quinientos años. Muchos occidentales acudieron para presenciar la ceremonia. Para los Q'eros ésa era una forma de unir a los dos pueblos. Y ése era un requisito que ya había sido anunciado. El momento aparecía en las predicciones como el *mastay*. Cuando todos los pueblos se reconciliaran, se produciría el *mastay* y entonces el fin estaría cerca.

Según sus previsiones, llegará un momento en que América del Norte le proporcionará al mundo fortaleza física, Europa aportará el aspecto mental y Sudamérica el corazón. Según esta tribu, el *Pachacuti*, que es el final del mundo, ya ha empezado. Ahora se inicia una etapa de paz y prosperidad en todo el mundo. Predicen que si el hombre expande su mente, se abrirán agujeros a través del tejido del tiempo.

Según los Q'eros, el fin del mundo está muy cerca. Los días de la Tierra acabarán cuando se alcance la armonía máxima. En ese momento, el caos dejará de tener un lugar en la Tierra y ésta acabará sus días.

En la actualidad, muchos occidentales están interesados por el chamanismo y por las enseñanzas de esta tribu que vivió durante quinientos años aislada del resto del mundo. Los chamanes Q'eros predican el respeto a la Tierra y advierten de que no se pueden explotar los recursos naturales con la impunidad que el hombre lo ha hecho durante siglos.

Las profecías de los Q'eros tienen especial importancia, porque ya demostraron una vez lo acertados que eran sus métodos adivinatorios. Supieron exactamente lo que ocurriría cuando los españoles llegaran a sus tierras y ésa información les permitió sobrevivir y mantener intactas sus costumbres ancestrales. Por ello, son muchos los que piensan que si entonces no se equivocaron, no tendrían por qué hacerlo ahora.

El final del mundo de esta tribu inca no es traumático. Ellos lo plantean como una evolución lógica, como un paso a otro estadio que en ningún momento es un castigo. El final del mundo no se debe a un gran cataclismo, sino que acaba de forma armónica cuando la Tierra ha alcanzado su mayor momento de equilibrio y de paz. Por ello, muchos seguidores encuentran que éste es uno de los finales más dulces que hay en el mundo de las predicciones.

Oráculos romanos

Los romanos no inventaron casi nada, se distinguieron por ser hábiles plagiadores que agruparon lo mejor de cada cultura y le dieron un aire propio. Esta aseveración que está más que demostrada en el arte y en la religión, es especialmente vigente en la adivinación. No hay ningún método típicamente romano, pero sí varios que fueron extraídos de varias culturas.

El principal, sin duda, fue el de las runas etruscas. Romanos cultos como el propio Cicerón, tenían total confianza en este método que les permitía averiguar de forma fácil cualquier duda que tuvieran sobre su futuro más inmediato. Los Arúspices eran continuamente consultados por los romanos para saber qué debían hacer. Se cuenta que tenían un calendario con los días buenos y los *fastos*, que eran los malos (de ahí proviene la palabra nefasto).

La otra fuente de adivinación romana fue, sin lugar a dudas, la astrología. El auge de la astrología en el mundo moderno se debe a la confianza que procesaron a este método los romanos. Ellos consultaban los astros para casi todo. Se dice, por ejemplo, que Agripina, la madre de Nerón, vio en su carta astrológica que sería envenenada por su propio hijo, tal y como sucedió.

El emperador Domiciano anunció, siendo aún joven, el día de su muerte. Además, la observación de los astros le permitió explicar que ese día la luna sufriría un eclipse. Acertó en ambas previsiones.

Hasta que el imperio romano entra en decadencia, los dos métodos de adivinación más utilizados fueron los etruscos y la astrología. Sin embargo, cuando empieza la crisis todo el mundo necesita novedades, todos quieren saber el futuro y empiezan a confiar en métodos de adivinación venidos, básicamente, de Oriente.

La crisis de Roma hace que la inflación alcance precios desorbitados que ni el propio emperador puede pagar. Los pueblos orientales se han hecho fuertes con sus rutas comerciales y Roma se ha empobrecido enormemente. Los césares piden ayuda a los pueblos remotos de su imperio. Se sabe de las donaciones de Herodes y de otros capitostes de Asia Menor para evitar el hundimiento de la capital del imperio.

Ello provoca movimientos migratorios masivos. Muchos habitantes de regiones orientales viajan a Roma, dispuestos a hacer negocios ahora que el nivel de vida en la capital no es tan caro. De esta forma se abre la puerta a una serie de creencias que fácilmente se instauran sobre el paganismo de los dioses romanos.

Los habitantes del imperio padecen lo que se llamó *vitae tedium*, aburrimiento de vivir, y cualquier novedad es buena para liberarles de su hartazgo existencial. Por ello empiezan a interesarse activamente por temas esotéricos, entre los que destaca la adivinación del futuro. La civilización más esplendorosa de todos los tiempos toca a su fin y sus pobladores no son ajenos a ello. Buscan consuelo en religiones extrañas. Algunos se convierten al cristianismo, pero muchos prefieren dejarse llevar por credos que no exigen un grado tan alto de sacrificio.

Así las cosas, los Libros Sibilinos se convierten en un método de consulta habitual. Estos libros de origen todavía desconocido auguraban todos los hechos que acontecerían en el mundo. Se cree que fueron escritos por las sibilas, profetisas que actuaban como oráculo. Los gobernantes, llevados por ese clima de creer en lo desconocido, tomaban sus decisiones consultando esos tomos.

Se dice que en ellos se explicaba que aparecería un cometa y que después César sería asesinado. Los hechos ocurrieron tal y como relataba el libro. El problema básico para saber qué decían estos libros es que fueron destruidos. Un incendio en el año 83 a.C. los consumió. Se especula con que los gobernantes siguieron guiándose por unas copias que se habían guardado, pero éstas nunca han sido halladas por los arqueólogos que incansablemente las han rastreado durante siglos.

Por tanto, no existe ninguna prueba fehaciente que pueda explicarnos qué vaticinaban aquellos libros. Algunos escritos antiguos y algunas especulaciones han dado pábulo a diferentes teorías. Según convienen la mayoría de los investigadores que han abordado el tema, parece ser que estos libros podrían vaticinar también el final del mundo. Por lo visto, los capítulos finales eran bastante parecidos a los del Apocalipsis. De hecho, algunos creen que es posible que los evangelistas tuvieran acceso a alguna copia y que se inspiraran en ello. Sin embargo, este punto nunca ha podido ser demostrado.

Se cree que en estos tratados de profecías se explicaba que en los últimos tiempos habría gran crispación social. La gente dejaría de creer en sus religiones y cada vez se convertiría en más amoral. Olvidarían los mandatos del estado, habrían asesinatos y robos por todas partes. Después de este tiempo, un gran cataclismo ocurriría. Por lo visto, se dejaba claro que este gran cataclismo sería provocado por los propios hombres.

Este punto ha hecho pensar que tal vez se refiera a una explosión nuclear. El libro explicaba que tras estos hechos, apenas quedarían hombres sobre la faz de la Tierra. Los pocos supervivientes se comportarían como bárbaros y finalmente también acabarían muriendo por las consecuencias del gran cataclismo.

Como se ha comentado, muchos creen que puede tratarse de una explosión nuclear, puesto que la consecución de los hechos es bastante similar a la que ocurriría en este supuesto. De todas formas, hay quien cree que también podría tratarse de un desastre ecológico, que también podría ser culpa del hombre. El calentamiento de la Tierra por la capa de ozono, por ejemplo, podría provocar un gran desastre que dejara muy pocos supervivientes condenados a una muerte segura.

Por último hay otros que interpretan todo esto no en el futuro, sino en la etapa romana. Pueden estar hablando del Imperio y de su supervivencia, que sería imposible. El gran cataclismo provocado por los hombres podrían ser las guerras bárbaras que acabaron con el poder de los romanos. Todo esto nos pinta un escenario muy diferente al anterior. Como hemos visto, esto es muy habitual en este tipo de predicciones. Debido al lenguaje metafórico de la mayoría de las profecías es muy difícil saber si se refieren a «su mundo» o al planeta Tierra en general.

El mesías budista

Los budistas también tienen profecías sobre lo que ocurrirá en los tiempos venideros. Su fundador, el príncipe Siddharta Gautuma, que nació en el año 563 a.C. habló sobre los hechos que acontecerían en el futuro.

El más destacable para los seguidores de esta religión es la llegada de un nuevo Buda. Esta es una profecía muy parecida a la cristiana del Apocalipsis, que anuncia el regreso de Jesucristo antes del final de los tiempos.

Según se conserva en los libros sagrados de esta religión, Buda dijo:

«No soy el primer Buda que ha venido a la Tierra ni seré el último. Cuando llegue el momento, aparecerá otro Buda, otro Divino, un iluminado supremo dotado de plena sabiduría, que abarcará todo el universo y será guía para los hombres y sobre los dioses. Entonces os revelará las verdades que os ha enseñado. Establecerá su ley, gloriosa en sus orígenes, en su esplendor y en el final, tanto por el espíritu como por la ley. El nuevo Buda predicará una vida santa, perfecta y pura, como yo os la predico ahora. Por millares se contarán el número de sus discípulos aunque los míos se cuenten por cientos tan sólo. Ese Buda será reconocido en el mundo por el nombre de Maitreya».

La venida del nuevo Buda se relaciona con el fin de esta era y el inicio de otra. Esta divinidad llegaría, según las profecías, al final de los tiempos. Sin embargo, ¿cuándo llegará? Existe otro texto que da más datos sobre su llegada, son las ocho revelaciones que indican lo que tendría que pasar en el mundo para que Buda volviera a visitarnos. De todas formas, este texto levanta mucha polémica, ya que se encontró en un templo y se atribuyó a Buda, pero muchos dudan de su autenticidad. A continuación, repasaremos cada una de estas revelaciones para analizar lo que pretenden explicarnos.

El cometa que viene por la noche se puede ver en las frías tierras del Rus y cuando cae a la tierra hay una apertura de seres vivientes de otros mundos.

Varias interpretaciones se han dado a esta revelación. Muchos consideran que significa que en el momento en que contactemos con seres de otros mundos se iniciará el cambio de era. La alusión a las tierras del Rus podría ser Rusia. Algunos creen que al hablar de Rusia y del cometa se estaría haciendo referencia a la estación Mir.

Las gentes de la Tierra son hechas por aquellos que se sientan delante de libros móviles, donde se escriben palabras de unos a otros sin necesidad de pluma de escritura ni tinta.

Ésta es una de las revelaciones que más ha dado que hablar. Los libros móviles podrían ser los ordenadores, en los que se puede escribir sin lápiz ni papel. Lo de «las gentes de la tierra son hechas por» podría tratar el tema de la manipulación genética.

Un gran hombre de la paz es asesinado en la tierra del rey David y un hombre de hierro es nombrado en su lugar.

En este punto hay diversidad de opiniones. Algunos creen que el hombre de paz es Jesucristo y el hombre de hierro es la Iglesia Católica. De esta forma, la profecía habría revelado la muerte de Jesucristo mucho antes que ésta aconteciera. Sin embargo, muchos consideran que se está hablando de los tiempos actuales. Cuando Isaac Rabin fue asesinado, muchos recordaron las palabras de Buda. Ariel Shaaron sería el hombre de hierro. De esta forma se estaría hablando del conflicto judío-palestino como una de las causas que anunciarían el final de los tiempos.

Una gran sequía se verá en varias tierras, el ganado morirá y la gente orará pidiendo la lluvia.

A lo largo de la historia, siempre que ha habido una gran sequía, se ha vuelto a poner de moda esta revelación. Sin embargo, la mayoría de los estudiosos considera que se refiere a una sequía mucho más importante y global. Tal vez el cambio climático podría plantear un escenario semejante al que se describe.

Una gran montaña escupirá fuego y humo en una tierra justa y distante donde vive gente pintada.

Ésta es una de las revelaciones que más interrogantes plantea para los intérpretes. Evidentemente, se trata de un volcán en erupción. Pero lo de «la tierra justa y distante donde vive gente pintada» sigue siendo un enigma para los investigadores. Algunos creen que se podría tratar de un volcán de otro planeta pero tampoco hay alusiones claras que refrenden esta hipótesis.

Seis hombres y mujeres subirán al cielo en un carruaje y perecerán en llamas cerca de las montañas de la Luna.

No hay duda que se refiere a una expedición de astronautas cuya nave explota. Algunos consideran que el Challenger podría ser el carruaje descrito. Sin embargo, al poner «cerca de las montañas de la Luna» los analistas creen que debe tratarse de una expedición futura que aún no se ha llevado a cabo.

Millones perderán sus tesoros, no a causa de bandidos sino a manos de aquellos asignados para su cuidado.

Muchos creyeron que esta revelación se había cumplido durante el *crack* del 29. Sin embargo, la mayoría de los intérpretes de estas profecías creen que se está hablando de una crisis económica a escala mundial.

Habrá mil años de paz y prosperidad empezando en la noche en que se inicie el año 2000.

Este prometedor augurio no tiene por qué referirse a nuestro año 2000. El calendario cristiano es posterior a las revelaciones. También es posible que «mil años» sea un término metafórico que indique un período indefinido de tiempo.

Hinduismo: Esperando al Dios justo

Al igual que los budistas y los cristianos, los hinduistas esperan la llegada de un dios que acabará con la era conocida e iniciará un período de renovación espiritual. Según los hinduistas, en sus libros sagrados se habla de los tiempos actuales, en los que no existe justicia y reina el caos. Estos problemas acabarán con la llegada del Avatar (salvador) que se llamará Kalki o Javada.

El *Baghavad Ghita*, el libro sagrado de los hindúes, contiene una explicación sobre estos hechos que se atribuye al dios Vishnú en su última encarnación de Krishna:

«He nacido muchas veces y recuerdo mis vidas anteriores. Cuando la justicia se haya debilitado y ya no se imponga, cuando la injusticia exulte de orgullo, volveré a la Tierra. Para la salvación de los buenos, para la destrucción del mal en el hombre, para el cumplimiento del Reino de Justicia, volveré a este mundo como en tiempos pasados».

Este final, para algunos intérpretes de las escrituras sagradas hindúes, vaticina que parte de la población morirá. La destrucción del mal en el hombre puede dejar diezmada la población. Muchos creen que tras el tiempo de paz instaurado por el dios, habrá una destrucción del mundo. El que quede una minoría puede vaticinar también algún cataclismo que provoque que sólo unos pocos se salven. Éstos serían, según el hinduismo, los elegidos.

El final islámico

La Sunna y el Corán hablan del final de los tiempos. Se trata de una era confusa, en la que reina el caos y el hombre es incapaz de comprender qué camino debe seguir. Mahoma describió así el sentimiento que experimentarían los hombres antes del final del mundo:

«Uno de los signos del final de los tiempos es la pérdida de la oración y su realización incorrecta. La gente será dominada por los deseos, tenderá hacia las falsas ideas, respetará a los adinerados y venderá su religión a cambio de este mundo. En ese momento el corazón del creyente estará compungido y desesperanzado por no poder corregir la corrupción y el desvío... El mal se mostrará como si fuese lo bueno, y el bien como si fuese el mal; el confiable será considerado traidor y el traidor confiable; se corroborará al mentiroso y se desmentirá al veraz... En aquella época las mujeres gobernarán. Las falsedades serán consideradas genialidades y las caridades pérdidas y daño».

Además de este clima moral, también se describen una serie de síntomas que servirán para detectar que el mundo está tocando a su fin:

— Se anuncia la llegada del último profeta Muhammad.

— El esclavo se convertirá en patrón.

— Los pastores competirán en la construcción de edificios altos.

— El conocimiento del Islam se reducirá y la ignorancia crecerá. Los líderes serán escogidos entre gente poco preparada y sus decisiones ya no obedecerán a los dictados del Islam sino a sus propios intereses.

— El consumo de bebidas alcohólicas y la fornicación aumentarán muchísimo.

— Cada vez habrá menos hombres y más mujeres. La proporción acabará siendo de un hombre por cinco mujeres.

— Habrá treinta falsos profetas que obedecerán los dictados del Anticristo.

— Todo el mundo será inmensamente rico.

— Cada vez habrán más conflictos con derramamiento de sangre.

— La concepción del tiempo variará de tal modo que el tiempo se acortará. Un año parecerá un mes, y un mes un día, y un día una hora.

— Dos grandes países se pelearán por la misma causa.

— Se producirán muchos terremotos de gran intensidad.

— La gente al pasar por una tumba deseará cambiar su puesto por el del difunto.

El final del Islam tiene muchas coincidencias con el de la Biblia. En ambos casos se habla de la llegada del Anticristo, que el Islam recibe el nombre de *Al Dacha*. Según explica Mahoma, *Al Dacha* es bajo, con la cara rojiza, es ciego de un ojo y lleva los pelos levantados. Viajará por todo el planeta, pero nunca podrá entrar ni en La Meca ni en Medina.

Al mismo tiempo llegará el redentor, al que llaman *Al-Mahdi*. Será un guerrero y un líder militar que procederá de la familia del Profeta, descendiente de Fátima. También descenderá Jesús y esto hará que los cristianos y los judíos se conviertan al Islam. Jesucristo llegará a una mezquita de Damasco y con su cruz matará al Anticristo. Se comportará como un líder militar y estará mucho tiempo en la Tierra hasta que finalmente morirá.

Habrán terribles inundaciones y tres lugares del mundo serán tragados por las aguas. Las tres zonas estarán situadas en: Oriente, Poniente y la Península Arábica. A partir de ese momento el Sol saldrá por Poniente. También habrá un incendio en Yemen que se extenderá a todo el Norte.

Finalmente, llegará un viento frío que acabará con todos los creyentes. Sólo quedarán vivos los infieles, que tendrán que presenciar el terrible final del mundo. A partir de ese momento, empezará la resurrección.

El final que se describe en el Islam es bastante militarista. Todos los redentores llegan a la tierra como líderes de los ejércitos formados por sus seguidores. Aparte de esto, en el resto, y como se verá en el capítulo siguiente, todo se parece bastante al final que se describe en el Apocalipsis.

Muchos son los que ya han visto algunos de estos síntomas y que creen que poco a poco se han ido dando la mayoría. La tensa situación entre judíos y palestinos hace que estas profecías bélicas cobren mucha relevancia entre los seguidores del Islam.

El salvador del zoroatrismo

Zaratustra también vaticinó el final de los tiempos. Poco se sabe de esta religión que tuvo gran importancia en la antigüedad. Escasos son los datos que nos han llegado y la mayoría de estudiosos se ven incapaces de dar una respuesta inequívoca a los múltiples interrogantes que penden sobre el origen y el desarrollo de esta enigmática religión.

Se cree que su fundador vivió entre los años 1400 y 1000 a.C., pero algunos le han situado en el siglo vi a.C. Debido a las migraciones, tampoco se sabe cuál era su patria. Unos consideran que estaba en el sur de los Urales, mientras otros le sitúan en Irán o en Afganistán.

Las sagradas escrituras de esta religión se conocen como Avesta. En los siglos v y vi d.C. su conservación dependía de la tradición oral. Pese a la precariedad de este método, los especialistas creen que se ha conservado con gran precisión. De todos modos, parece que se ha perdido una parte considerable. Incluso así, se conserva gran parte de los mensajes del profeta, que forman diecisiete himnos llamados *Gathas*.

Zaratustra explica que hay un dios llamado *Ahura Mazda* que es el responsable del buen funcionamiento del universo. Él es el creador de todas las cosas buenas que existen. En contraposición existe otra fuerza de caos y desorden que controla *Angra Mainyu*.

El campo de batalla de estas dos divinidades es la Tierra. Si el hombre conserva el bienestar y el orden, estará ayudando a *Ahura Mazda*. En cambio, si fomenta el caos, le estará dando mayor poder a *Angra Mainyu*. Por lo tanto, la paz entre los hombres dependerá también activamente de la posición que éstos tomen.

Según Zaratustra, el mundo durará 12.000 años. Según afirmaba el profeta, él estaba viviendo en el noveno milenio. En el duodécimo milenio vendrá otro profeta como él, que se llamará Saoshyant. Muchos creen que la fecha designada por Zaratustra coincidiría con el año 2000.

No es necesario que fuera exactamente esta fecha. Muchos consideran que el final vaticinado por Zaratustra tendría lugar en los años siguientes al cambio de milenio, pero no se puede establecer una fecha concreta. Podría ocurrir en las siguientes décadas. Sin embargo, muchos no están de acuerdo y consideran que la palabra milenio es empleada para calificar un período de tiempo indefinido. Una especie de ciclo vital que va cambiando a través de los siglos. Cada forma en la que el hombre se adapta al mundo podría considerarse un milenio. Sin embargo, en este punto hay muchas discrepancias y muchos no saben exactamente a qué se refiere Zaratustra cuando habla de milenios.

Según esta creencia, el mundo se acabará cuando finalice la batalla entre los dos dioses. Reinará el orden y el caos será destruido. Cuando esto ocurra, se habrá cerrado el ciclo. Entonces se dará la resurrección de los muertos.

Zaratustra incorporó a sus doctrinas un concepto que luego fue retomado por la Iglesia Católica. Después de la muerte, los resucitados se reunirán en una asamblea en la que cada cual tendrá que asumir las acciones buenas y malas que ha cometido durante su vida.

La religión de Zaratustra fue muy seguida en la antigua Persia. Algunos siguen procesando este credo, pero en la actualidad es una religión minoritaria que ha sido barrida por el islamismo. Los estudiosos creen que parte de las creencias musulmanas y cristianas se derivan de esta religión.

Capítulo III
EL APOCALIPSIS BÍBLICO

Hasta el momento, el objeto de nuestro estudio han sido las diversas teorías sobre el fin del mundo defendidas por las diversas culturas y religiones del planeta. Ahora vamos a hacer hincapié en la católica puesto que es la que mayor influencia ha tenido sobre las demás; buena parte de las profecías apocalípticas tienen su raíz o inspiración en los textos bíblicos. Las profecías bíblicas tienen, además, un carácter bastante homogéneo y son las más presentes en el imaginario colectivo ya que la literatura y el arte las han representado a lo largo de la Historia.

Independientemente de su valor como texto religioso, el Apocalipsis es un libro dotado de una gran belleza y misterio. Está escrito en forma poética y algo críptica, en griego popular con algunas expresiones en hebreo. Y las visiones que relata son tan fuertes y sugerentes que, como decíamos, ha inspirado desde tiempos remotos las más bellas pinturas y esculturas del arte religioso.

Pero volviendo a su carácter profético, en los siguientes capítulos veremos cómo, basándose en el Apocalipsis bíblico, muchos han previsto que el fin del mundo se produciría en el año 1000, mientras otras sectas y culturas lo vaticinaban para el 2000. Todo ello se debe a que en la Biblia se utiliza la palabra «milenio», pero la mayoría de estudiosos cree que se refiere a un período de tiempo y no a mil años en concreto. Del «milenio» hablaremos largo y tendido más adelante; ahora nos detendremos en el Apocalipsis bíblico, del que numerosas sectas han hecho una interpretación libre utilizando el fin del mundo como una amenaza que mantuviera unidos a sus seguidores. Por tanto, para comprender las sectas milenaristas y las teorías apocalípticas es necesario analizar los textos de la Biblia en profundidad.

La revelación

El libro del Apocalipsis, último de la Biblia, también es conocido como «libro de la Revelación», puesto que el vocablo griego *apokalypsis* es traducido al español como «revelación». Su sentido se refiere a «descubrir» o «quitar el velo»; por eso el libro del Apocalipsis es interpretado como un texto que no sólo contiene un mensaje de destrucción, sino como un aviso y una manera de desvelarnos verdades divinas que deben conducirnos a tener una gran esperanza y una fe inquebrantable. Si bien se dice que el Armagedón es la «guerra del gran día de Dios el todopoderoso» (*Revelación* 16:14, 16), también la palabra de Dios hace felices a los creyentes con la garantía de que sólo los inicuos opositores de Dios serán destruidos... por fuerzas controladas por Dios (*Salmo* 37:9, 10; 145:20).

La esperanza existe, pues, al final del libro del Apocalipsis, como ocurre en el resto de creencias religiosas. Los textos y videntes de las diversas religiones anuncian casi por unanimidad que los pecados del hombre conducirán a un fin del mundo cada vez más próximo. Señales de este final serán el fin de las dinastías papales y el advenimiento del reinado de un impostor, el Anticristo. Pero un enviado de Dios, el Mesías, restablecerá la paz y la armonía mundiales y creará un mundo mejor, basado en la espiritualidad y la virtud.

El Apocalipsis de San Juan

El Libro de la Revelación, o Apocalipsis de Juan, corresponde precisamente al género literario «apocalíptico». Este género floreció en la literatura hebrea desde el siglo II a.C. hasta el siglo II d.C. La apocalíptica depende de la literatura profética y de la sapiencial, pero a diferencia de la literatura profética, donde el elemento esencial es la palabra, en la apocalíptica el elemento esencial es la visión. Otra característica del género apocalíptico es el uso abundante de símbolos.

Como decíamos anteriormente, Apocalipsis se traduce como «revelación», y ésta es la primera palabra del libro atribuido a San Juan:

«Revelación de Jesucristo, que para instruir a sus siervos sobre las cosas que han de suceder pronto ha dado a conocer a su siervo Juan» (*Ap.1,1*).

Según el autor, una fuerza desconocida le arrebató cuando se encontraba en Patmos y pudo oír una voz divina que le ordenaba: «lo que veas, escríbelo en un libro y envíalo a las siete Iglesias».

Entonces San Juan procedió a escribir el Apocalipsis, un libro compuesto por veintidós capítulos que corresponden a las letras del alfabeto hebreo.

El libro comienza con una serie de amonestaciones y consejos a las siete iglesias de Asia Menor de las que le había hablado la voz misteriosa, y entre otras condenas están las que dedica al culto de Diana, diosa de la iglesia de Éfeso, a los judíos herejes de Esmirna o a una profetisa que realiza encantamientos heréticos.

Tras este «ajuste de cuentas» se inicia el relato de las visiones. San Juan narra cómo ve a Dios sentado en un trono rodeado por el arco iris y junto a Él están sentados vein-

71

ticuatro ancianos vestidos de blanco resplandeciente y coronados de oro. Ante el trono se encuentran siete lámparas de fuego y cuatro seres: un ángel, un toro, un león y un águila. Esta imagen ha servido de inspiración a los pórticos de las iglesias románicas y góticas.

San Juan describe entonces cómo en el centro de su visión aparece un cordero degollado, con siete cuernos y siete ojos. Ese cordero está destinado a abrir el Libro Sagrado y soltar los Siete Sellos, a cada uno de los cuales corresponde una nueva visión.

— Los cuatro jinetes del Apocalipsis

Los cuatro primeros sellos muestran a los cuatro jinetes: el caballero blanco, que lleva un arco; el rojo, portando una espada; el negro y la balanza que carga, y finalmente el verde, que se asemeja a la muerte por su imagen esquelética. Según la predicción, el caballero blanco corresponde al Este y ocasionará una guerra entre pueblos acompañada de una gran victoria, mientras que el caballero rojo corresponde al Norte y acarrea una guerra civil y una gran derrota. Los jinetes negro y verde, por su parte, corresponden al Sur y al Oeste y traen el hambre y la peste.

Los cuatro jinetes del Apocalipsis son unas figuras ampliamente representadas en el cine, la pintura y la literatura; incluso la tradición ha hecho su propia interpretación de los textos y los ha hecho equivalentes a la peste, el hambre, la muerte y la guerra. Los intérpretes de la Biblia han identificado los cuatro caballos con las cuatro razas humanas, que son como un esquema inicial de la distribución de las cuatro razas en los cuatro continentes. Las razas se distribuyen en forma de cruz en el mapa del mundo: la blanca ocupa Eurasia (Europa y Asia, además de Rusia hasta los Urales), la negra África, la amarilla Asia y la roja ocuparía la Atlántida si las perturbaciones históricas y los cataclismos no la hubieran desmembrado por el Cercano Oriente, situado en el centro del planeta.

Basándonos en estos datos, pues, este capítulo del Apocalipsis pronostica la guerra de las razas. Cuando la superpoblación y el hambre sean insoportables en el planeta se desatarán las guerras de las razas; y a diario podemos comprobar cómo ambos factores aumentan progresivamente en nuestro planeta.

— El resto de los sellos

Tras los cuatro sellos que muestran a los jinetes, el cordero degollado descubre a San Juan el quinto, que refleja a los que han sido sacrificados por predicar la palabra de Dios. El sexto sello muestra un gran terremoto y el séptimo, finalmente, hace que al abrirse aparezcan siete ángeles con trompetas que llevan todos los males del fin del mundo: una lluvia de granizo y fuego con sangre, una montaña de fuego que se arroja al mar, una estrella llamada *absenta* (amargura) que cae a la tierra, oscuridad, tinieblas, una plaga de horribles langostas grandes como caballos y millones de caballeros sucumbiendo en un mar de fuego y azufre.

Entonces surgen unas voces que anuncian que el mundo pertenece a Dios, tras lo que aparece una mujer vestida por el Sol con la Luna a sus pies adornada con doce estrellas en la cabeza a modo de corona. Respecto al significado de las doce estrellas que coronan la cabeza de la Mujer, debemos saber que en la Biblia, y especialmente en el Apocalipsis, el número doce simboliza la plenitud. En la Escritura aparece toda una simbología de los números que interesaba en gran manera a los Padres de la Iglesia, aunque, de acuerdo con los criterios actuales, iban demasiado lejos en ese terreno. El carácter extraño y aparentemente arbitrario de este simbolismo inspira hoy en día una actitud escéptica. Pero hay que interpretar los textos con los símbolos tal como los entendían los antiguos.

El doce es, como decíamos, el símbolo de la perfección. En las doce estrellas que coronan la cabeza de la Mujer en Ap. 12 la tradición ha visto una alusión a los doce apóstoles, que a su vez nos remiten a las doce tribus de Israel; en la misma línea han de interpretarse los ciento cuarenta y cuatro mil sellados (144.000 es el cuadrado de doce multiplicado por mil: 12 x 12 x 1.000) en Ap. 7,4: este número indica la plenitud del nuevo Israel, cuando tenga lugar el cumplimiento final del Reino de Dios. La Mujer coronada de doce estrellas es, pues, una imagen del antiguo y del nuevo Israel.

El Apocalipsis habla también de la bestia, un horrible animal con siete cabezas y diez cuernos a la que se atribuye el número 666, analizado desde el inicio de los tiempos por cabalistas y teólogos.

— **La bestia**

Para interpretar las predicciones del Apocalipsis es necesario pensar en cómo eran entendidas en el momento de su aparición. Hace unos veinticinco mil años, cuando fue escrito el libro del Apocalipsis, los progresos científicos eran considerados como «plagas» y los «benefactores de la humanidad» son los ángeles que traen las plagas. En resumen, la ciencia para el Apocalipsis es una «Bestia» que tiene hipnotizada a la humanidad con sus falsedades y sus verdades: «Y le fue dada boca que hablaba grandes cosas y blasfemia».

En la narración de San Juan, la humanidad está de rodillas delante de la bestia escuchando las verdades que salen de su boca. La bestia en cuestión tiene siete cabezas y diez lenguas que hablan por separado sin que ninguna de ellas entienda lo que dice la otra. Esta imagen corresponde a la división de la ciencia en diez especialidades y en ella los especialistas hablan cada uno de su rama científica sin interesarse ni escuchar a sus compañeros.

Las lenguas que hablan, sin embargo, tienen algo en común: «Todas ellas hablaban blasfemias para maldecir el nombre de Dios, los Santos y el Tabernáculo». Esta frase quiere decir que la ciencia, con su manifiesto ateísmo ha dominado la mente de los hombres y los pueblos han acabado dividiéndose en dos grupos de materialistas: los «materialistas dialécticos» de Oriente y los «materialistas mecanicistas» de Occidente. El triunfo del materialismo en nuestro mundo actual es, pues, a causa de la ciencia. Y el «Tabernáculo» al que se refiere es la Gran Pirámide, ya que la Biblia revela las proporciones de ésta y corresponden a las del Tabernáculo.

La bestia del Apocalipsis y su número asociado se han hecho tan conocidas que hay quienes se afanan en encontrar en nuestros tiempos algún «anticristo» al cual se le puedan atribuir los rasgos descritos en el Apocalipsis, y especulan sin cesar con atrevimiento, pero sin fundamentar las supuestas coincidencias por ellos encontradas. Pero para encontrar el auténtico significado hay que tener en cuenta que está ubicado en un tiempo y contexto históricos precisos. Teniendo en cuenta que todos los números utilizados en el Apocalipsis tienen un significado específico, conocerlos ayuda a entender los símbolos del texto. Para interpretar esta parte debemos conocer los siguientes:

Número	Significado
2	Se utiliza para dar solidez, para reforzar. Por ejemplo: dos testigos, dos cuernos.
3	Perfección.

Número	Significado
6	Uno menos que el 7, significa imperfección.
7	Plenitud.
666	Tres veces seis, es decir la perfecta imperfección, la imperfección total.

Teniendo en cuenta el contexto en el que fue escrito el Apocalipsis, la Bestia se ha identificado con el Imperio Romano. En el texto, el poder de la Bestia se extiende sobre toda raza, pueblo, lengua y nación, y le viene del Dragón. De la misma forma, el Imperio Romano se extendía cuando fue escrita la Biblia. El versículo tres menciona una cabeza herida de muerte, pero sanada, lo cual puede ser una alusión a un momento determinado en que el Imperio Romano se vio en peligro, pero subsistió. Algunos autores prefieren entender aquí un símil con la leyenda según la cual Nerón, después de suicidarse, regresaría a tomar el poder sobre Roma.

La Bestia profiere con su boca blasfemias contra Dios, hace la guerra a los santos, es adorada por todos los habitantes de la tierra cuyos nombres no están escritos, desde la creación del mundo, en el libro de la vida del Cordero degollado. Este fragmento puede ser interpretado como que el Imperio Romano perseguía ardientemente a los cristianos por el hecho de que éstos, al tener únicamente fe en Cristo, se negaban a dar culto tanto al Imperio como al César.

Entender que esta bestia del mar representa al Imperio Romano, es quizás la pista más sólida para entender a la segunda bestia, surgida de la tierra, como explicaremos más adelante.

El Apocalipsis dice: (14) «...*y seduce a los habitantes de la tierra con las señales que les ha sido concedido obrar al servicio de la Bestia, diciendo a los habitantes de la tierra que hagan una imagen en honor de la Bestia que, teniendo la herida de la espada, revivió».* El Espíritu de Dios era el que realizaba prodigios en la Iglesia para provocar la fe en Cristo; la segunda Bestia imita al Espíritu, como la Serpiente y la primera Bestia imitan al Padre y al Hijo. Así pues, el Dragón, la primera y la segunda Bestia son una caricatura antitética de la Trinidad: Padre-Hijo-Espíritu Santo y Dragón-Primera Bestia-Segunda Bestia.

El número de la Bestia aparece en el siguiente pasaje: (18) *«¡Aquí está la sabiduría! Que el inteligente calcule la cifra de la Bestia; pues es la cifra de un hombre. Su cifra es 666».* En lugar de dar el nombre de la Bestia, Juan utiliza una cifra, 666, y explica que hay que calcularla. Para sumar 666, existen una gran cantidad de combinaciones. La base de la que hay que partir para hacer este cálculo, es el hecho de que en griego y en hebreo las letras del alfabeto tienen valor numérico, pues estas lenguas carecían de numerales. La opinión más aceptada entre los exegetas es que Juan se refiere a Nerón, dado que su nombre en hebreo es NRWN QSR (Nerón César), recordando que en el hebreo no se escriben vocales entre las consonantes (y los puntos vocales, que de cualquier forma no tienen valor numérico, fueron adaptados varios siglos después de la escritura del Apocalipsis).

Hay que recordar también que el 6 es un número usado para representar la imperfección por quedar detrás del 7, la plenitud. El hecho de repetir tres veces el 6 resulta significativo, pues 3 es símbolo de perfección. Repetir tres veces un adjetivo equivale al máximo superlativo posible. Así, repetir tres veces el 6, 666, el «tres veces Imperfecto», el «totalmente imperfecto», equivale de manera antitética al «tres veces Santo», «Santo, santo, santo» que se usa para llevar al máximo la exaltación de la santidad de Dios, el «Todo Santo».

— Interpretaciones del Apocalipsis

En el Antiguo Testamento encontramos literatura apocalíptica en Isaías, Ezequiel, Jonás, Zacarías y Daniel. En el Nuevo aparecen textos apocalípticos en Marcos, Mateo y Lucas cuando narran el discurso escatológico de Jesús; en algunos pasajes paulinos en las epístolas a los Tesalonicenses y la Primera a los Corintios, y evidentemente, en el Apocalipsis.

Para empezar la interpretación general del libro de San Juan hay que hacerlo por quien lo escribe. El autor se da a conocer como Juan (1, 1.4.9; 22,8), un hombre que debido a su fe cristiana estaba exiliado en la isla de Patmos, una colonia penal de Roma. Pese a su nombre, es difícil pensar que el autor de este libro es Juan el Apóstol, o el mismo (o los mismos) autor del cuarto Evangelio. Él mismo no habla de sí como del apóstol ni como autor de estos textos. Algunos Padres de la Iglesia lo identificaron con el apóstol, seguramente por la afinidad del nombre, incluyendo a Justino, Ireneo, Clemente de Alejandría, Tertuliano e Hipólito. Sin embargo, otros como Eusebio de Cesarea, Cirilo de Jerusalén, Gregorio Nacianceno o Juan Crisóstomo no estaban de acuerdo. Marcas de estilo como el vocabulario, la gramática y el estilo utilizados hacen dudar que el Apocalipsis fuera compuesto por las mismas personas responsables de los demás textos firmados por «Juan». Por otro lado, existen similitudes lingüísticas y afinidades teológicas con el cuarto evangelio que hacen suponer que el autor del último libro de la Biblia bien pudiera haber sido discípulo de Juan el Apóstol.

Si entramos a analizar el libro, vemos que su estructura presenta tres fases que se repiten: Una etapa de opresión al Pueblo de Dios, una de castigo y destrucción del enemigo y una tercera de liberación, victoria y dominio del Pueblo de Dios.

Es importante distinguir la enseñanza detrás de «la visión», del relato que narra «la visión» en el Apocalipsis. Si bien su mensaje está concebido para durar hasta el fin de los tiempos, al ser histórico su relato siempre se refiere a un tiempo inmediato concreto, pues es escrito en un tiempo de fuerte opresión. Con esta óptica ha de interpretarse el Apocalipsis si se quiere entender su significado. No obstante, se puede hacer una actualización de su contenido doctrinal.

Hay que tener en cuenta que todos los textos apocalípticos se escriben en una época de opresión. En el caso concreto del Apocalipsis de Juan, se considera que fue escrito en el año 95. En ese tiempo, Domiciano exigía el «culto imperial» aún más que sus predecesores Vespasiano y Tito. En este contexto histórico es donde debemos buscar el verdadero significado de los simbolismos empleados por Juan.

A continuación analizaremos algunos de los pasajes más importantes del Apocalipsis de San Juan:

— El acompañamiento del Cordero (14,1-13)

En esta perícopa Juan encuentra un cordero sobre el monte Sión y con él ciento cuarenta y cuatro mil, que llevan escrito en la frente el nombre del Cordero y el de su Padre.

La interpretación de este número que proponen los Testigos de Jehová, fundamentalista y errónea, asegura que solamente 144.000 almas irán al cielo. Para entenderlo adecuadamente hay que partir de que a los partidarios de la Bestia, marcados con su nombre, Juan opone los seguidores del Cordero, que representan al nuevo Israel y se reúnen de forma simbólica en Jerusalén, la ciudad Santa elegida por Dios. El número 144.000 equivale a 12 x 12 x 1.000, que es en realidad la exageración de un número que representa totalidad, y no una cantidad específica. Juan habla en el texto de los rescatados, es decir, de los que han alcanzado la salvación, que tienen las siguientes características: son hombres que no han tenido relaciones sexuales, vírgenes; siguen al Cordero adondequiera que va; han sido rescatados de entre los hombres; son nuevos tanto para Dios como para el Cordero; y no tienen ninguna mancha, jamás han incurrido en ninguna falsedad (*cfr* Sal. 30).

Sobre la Bestia dice Juan: «*Vi luego otra Bestia que surgía de la tierra y tenía dos cuernos como de cordero, pero hablaba como una serpiente*».

El cuerno es símbolo de autoridad en el Apocalipsis; por tanto, si aquél que está simbolizado por la Bestia de la tierra tenía dos cuernos significa que se trataba de alguien con suma autoridad. Sobre esta bestia añade: «*Ejerce todo el poder de la primera Bestia en servicio de ésta, haciendo que la tierra y sus habitantes adoren a la primera Bestia, cuya herida mortal había sido curada*».

Si partimos de que la primera Bestia es el Imperio Romano, es fácil entender que la segunda es el símbolo apocalíptico de un ministro de Roma, y como decíamos antes, alguien que ostentaba la suma autoridad. De ahí podemos deducir que se trata de un emperador, alguien que tenía la misión del Imperio de asegurar su legendaria extensión territorial «haciendo que la tierra y todos sus habitantes adoren a la primera Bestia».

Continuando con la descripción, la Bestia «*Realiza grandes señales, hasta hacer bajar ante la gente fuego del cielo a la tierra*». En este punto se percibe una señal de alerta contra las seducciones de la idolatría, según la segunda redacción de la Ley de Moisés. El Deuteronomio ordena que si surge un profeta que propone una señal o un prodigio, y pide ir en pos de otros dioses desconocidos a servirles, éste profeta no debe ser escuchado (*cfr* Dt. 13,2-4). Incluso el propio Jesucristo previene sobre la llegada de estos falsos profetas que arrastran a sus seguidores a la perdición (*cfr* Mt. 24,24).

El texto está advirtiendo al lector de que falsos profetas, perseguidores del cristianismo, y seducciones materiales y paganas acecharán a los hombres a lo largo de la Historia. Y gracias a sus enseñanzas y a la fe, que nunca debe faltarles, los fieles cristianos podrán superar estas pruebas.

— Esperando la segunda llegada de Cristo

Para los cristianos, la existencia terrenal tiene como fin el prepararse para la vida eterna y se recomienda aprovechar al máximo el tiempo para asegurarse la vida futura. *«Velad* —decía Jesucristo— *porque no sabéis cuándo llegará el Hijo del Hombre»* (Mt. 24,42). Con estas palabras quiere decir que nuestra vida puede interrumpirse en el momento más inesperado, lo que representaría para cada cual el fin del mundo; es decir, el día del juicio y el principio de la eternidad.

Todos los hombres, en mayor o menor medida, sentimos un gran temor y respeto a la muerte. Los Apóstoles, sin embargo, enseñaban a los cristianos a tener presente el futuro encuentro con Dios porque reflexionar sobre ello les ayudaría a corregir sus vidas. *«La Venida del Señor está cercana* —escribe el santo Apóstol Santiago (Jacobo)—, *mirad que el Juez está a las puertas»* (Santiago (Jacobo) 5,8-9).

Los primeros escritos cristianos reflejaban su expectativa del regreso no muy tardío a la Tierra de Jesucristo. Esta expectativa se sostenía en parte por la atmósfera de persecución y martirio en la que vivían. La intensidad del acoso, a veces, les recordaba lo anunciado por el Salvador acerca de los últimos tiempos, cuando era imposible garantizar siquiera un solo día de existencia sin sufrir persecuciones.

En estas circunstancias, es comprensible que los cristianos vieran la imagen de la bestia apocalíptica en emperadores como Nerón, Domiciano, Decio o Dioclesiano. Por otra parte, muchos cristianos primitivos eran tan profundamente creyentes en la religión y consideraban tan importante llevar una vida de acuerdo con las enseñanzas de Jesucristo que interpretaban su regreso a la Tierra como un encuentro feliz con el Salvador, en lugar de un momento de desgracia y derrumbamiento. Esperaban con anhelo la llegada de Jesucristo.

Este fervor se atemperó a principios del siglo IV, cuando se produjo el cese de las persecuciones, y el advenimiento del Salvador dejó de esperarse con tanto ahínco. Un estudio más sistemático de las Escrituras convenció a los teólogos que antes de la llegada del «Gran día del Señor», en la vida de la humanidad debían cumplirse unos procesos espirituales y sociales determinados.

Las Sagradas Escrituras no revelan exactamente el tiempo de la segunda venida de Cristo, sin embargo, indican una serie de señales determinadas por las cuales podemos deducir la relativa proximidad de ese día. Al Concluir Su Enseñanza acerca del fin del mundo, Jesucristo dijo: «Aprended la parábola de la higuera: cuando sus ramos están tiernos y brotan las hojas, conocéis que el estío se acerca; así vosotros también, cuando veáis todas estas cosas, entended que el fin está próximo, a las puertas» (Mt. 24,32-34). Con estos palabras querría entonces decir que los mismos acontecimientos demostrarán hasta qué punto se aproximó el fin del mundo. En los discursos del Salvador y los preceptos de los apóstoles, encontramos las siguientes «señales» sobre la inminencia del segundo advenimiento de Cristo:

— *La difusión universal del Evangelio.* «Será predicado este Evangelio del reino en todo el mundo, testimonio para todas las naciones, y entonces vendrá el fin» (Mt. 24,14).

— *El debilitamiento de la fe.* Aunque la doctrina cristiana se conocerá universalmente, a la gente le será indiferente, de modo que «el Hijo del Hombre, al venir, ¿encontrará fe en la tierra?» (Lc. 18,8). De acuerdo con las palabras del santo apóstol Pablo, «llegará el tiempo en que los hombres no aceptarán más la sana doctrina; por el contrario, llevados por sus inclinaciones, se procurarán una multitud de maestros que les halaguen los oídos, y se apartarán de la verdad para escuchar cosas fantasiosas» (2 Tim. 4,3-4). Según esto, los hombres preferirán escuchar lo que les agrade en lugar de interesarse por la verdad.

— *Surgirán falsos profetas y mesías que inducirán a los hombres a diversas sectas y cultos paganos.* En cuanto a los falsos maestros, el Señor previene a los fieles diciendo: «Cuidad que nadie os engañe. Porque vendrán muchos en mi nombre, y dirán "yo soy el Mesías" y engañarán a muchos... no sigáis sus huellas... Se levantarán falsos mesías y falsos profetas, y obrarán grandes señales y prodigios para inducir a error, si fuera posible, aun a los mismos elegidos. Mirad que os lo digo de antemano» (Mt. 24,4-5, 24-25 y Mc. 13,6). El libro del Apocalipsis describe los milagros del último falso profeta, y el santo apóstol Pablo explica que estos milagros no serán verdaderos sino sólo aparentes. (Apoc. 13,13-15; 2 Tes. 2,9).

— *Conversión a Cristo del pueblo hebreo.* El apóstol Pablo vaticina en la Epístola a los Romanos que se producirá un retorno del pueblo hebreo a Jesucristo: «*No quiero dejaros, hermanos, en ignorancia acerca de este misterio que la crueldad (incredulidad) estará en Israel sólo hasta cierto tiempo: hasta que entre (en la Iglesia) la totalidad de los gentiles; luego se salvará Israel entero (de los últimos tiempos), como está escrito: vendrá de Sión el Redentor y apartará la desgra-*

cia de Jacob... ¡Oh, profundidad de la riqueza, la sabiduría y del conocimiento de Dios! ¡Cuán insondables son sus juicios e inescrutables son sus caminos!»

La profecía que pronunció el santo apóstol Pablo comenzó a cumplirse inmediatamente después de la Segunda Guerra Mundial, cuando en la ciudad de Nueva York una serie de judíos creyentes comenzó a difundir entre sus hermanos la fe en Jesucristo. A causa de este hecho, en algunas grandes ciudades de los Estados Unidos de América surgieron comunidades de hebreos cristianos que perduran en nuestros días. Hacia el año 1990 el número de estos hebreos bautizados alcanzó varias decenas de miles.

— *Aumentará el mal y las injusticias*. La pérdida de la fe acarreará la pérdida de la moral. El santo apóstol Pablo caracteriza a los hombres de antes del fin del mundo de la siguiente manera: «En los últimos días sobrevendrán tiempos difíciles, porque habrá hombres egoístas, avaros, orgullosos, altivos, maldicientes, rebeldes a los padres, hostiles, irreconciliables, desleales, calumniadores, disolutos, inhumanos, enemigos de todo lo bueno, traidores, protervos, henchidos, amadores de los placeres más que de Dios, que con una apariencia de piedad, están en realidad lejos de ella» (2 Tim. 3,1-5) y que «por exceso de maldad se enfriará la caridad de muchos» (Mt. 24,12).

Del total de predicciones contenidas en las Sagradas Escrituras se deduce entonces que el fin del mundo será precedido por un gradual deterioro moral de la población. Cada vez se pensará menos en la figura y enseñanzas de Jesucristo y se volverá a dar el estado antediluviano de la humanidad que se recoge en la Biblia: «*Viendo Dios cuánto había crecido la depravación del hombre sobre la tierra, y cómo todos los pensamientos y deseos de su corazón tendían en todo tiempo al mal, se arrepintió de haber hecho al hombre en la tie-*

rra... *Pues la Tierra se corrompió ante la faz de Dios y se colmó de actos de maldad*» (Gén. 6,5-6).

— *Se difundirán las prácticas y religiones paganas*. El libro del Apocalipsis profetiza la penetración poderosa y progresiva de la fuerza del diablo en la vida humana. Su presencia envenenará la atmósfera que respiramos en forma de humo, según como lo describe el santo apóstol Juan: (11) «Cuando fue abierto el pozo del abismo, del mismo subió el humo como si fuera de un gran horno, el sol y el aire se ensombrecieron a causa del humo del pozo. Y del humo salieron las langostas sobre la tierra... Y por rey tenían al ángel del abismo cuyo nombre es, en hebreo, *Abadon* y en griego, *Apolyon* (destructor)» (Apoc. 9,2-3 y 11). Y pese a que Dios exhorte a la población a que se arrepienta de sus pecados, «no se arrepentirán de las obras de sus manos, no dejarán de adorar a los demonios... y no se arrepentirán de sus homicidios, ni de sus maleficios, ni de su fornicación, ni de sus robos» (Apoc. 9,20-21).

— *Aumentarán odios y enemistades y se producirán persecuciones a los creyentes*. A causa del progresivo paganismo de la población el hecho de que haya quien se declare cristiano resultará odioso para muchos, que sólo pensarán en ellos mismos sin contar con la presencia divina. El número de los cristianos se verá considerablemente reducido, y los enemigos de los creyentes a menudo serán sus propios familiares, como profetizó el Señor: «*Entonces os entregarán a los tormentos y os matarán, y seréis aborrecidos de todos los pueblos a causa de Mi nombre... y unos a otros se harán traición y se aborrecerán... y el hermano entregará a la muerte al hermano, y el padre al hijo, y se levantarán los hijos contra los padres y les darán muerte... pero no se perderá un sólo cabello de vuestra cabeza —concluye el Salvador consolándolos. El que perseverare hasta el fin se salvara»* (Mt. 24,9-10; Mc. 13,12-13 y Lc. 21,18).

— Desastres naturales y guerras adquirirán dimensiones catastróficas. Ante estas catástrofes, los hombres no se verán capaces de soportar. Y debido a su agnosticismo, no buscarán el consuelo y la salvación en la figura de Dios. Entonces, «*oiréis hablar de guerras y rumores de guerras; pero no os turbéis porque es preciso que esto suceda, mas no es aún el fin. Se levantará nación contra nación... y habrá hambre, mortandad y terribles fenómenos y grandes señales en el cielo, sobre el sol, la luna y las estrellas. Desolación y perplejidad en los pueblos y el mar se pondrá ruidoso y turbulento. Los hombres morirán de miedo a la espera de las grandes desgracias que deberán llegar al universo, pues los poderes del firmamento serán sacudidos*» (Mt. cap. 24; Mc. cap. 13 y Lc. cap. 21). Las últimas palabras de esta profecía ya se refieren al fin del mundo. Pero antes de su llegada ocurrirá algo más temido y terrible para el devenir de la humanidad: la subida al trono del Anticristo.

— El Anticristo

El término «Anticristo» tiene un doble significado en las Sagradas Escrituras. En un sentido amplio, se refiere a cualquier enemigo de Cristo, ya que el prefijo *anti-* designa literalmente «lo contrario». Y en un sentido estricto se refiere a quien dirige todos sus esfuerzos a la erradicación de la fe en Cristo. De él y de su llegada dice el apóstol San Pablo: «Que nadie en modo alguno os engañe: porque aquel día (el del Señor) no llegará hasta que se cumpla la apostasía y se manifieste el hombre de la iniquidad, el hijo de la perdición, que se opone y se alza contra todo lo que se dice Dios, o que es sagrado, tan sólo no se consumará hasta que sea quitado de en medio el que ahora le retiene, (la fuerza de Dios que, por medio de los legítimos gobernantes, obstaculiza su entronización) entonces se manifestará el impío, a quien el Señor destruirá con el soplo de Su boca destruyéndole con la manifestación de su parusía. La llegada del inicuo estará acompañada del poder de Satanás, de todo género de milagros, señales y prodigios engañosos y de seducciones de iniquidad para los destinados a la perdición, por no haber recibido el amor de la Verdad para ser salvos. Por eso, Dios les enviará confusión para que crean en la mentira» (2 Tes. 2,3-11).

A juzgar por lo que predicen las Sagradas Escrituras, cuando se produzca el advenimiento del Anticristo la humanidad probablemente se encontrará amenazada por una guerra de proporciones mundiales, que podría ser nuclear, o por una crisis política y económica universal. Los gobiernos se hallarán en un grave estado de crisis, y las naciones vivirán en un continuo aviso de revolución. Entonces se producirán las condiciones idóneas para que surja un líder que aparezca como el único que puede salvar a la humanidad. El Anticristo podría estar respaldado por una poderosa organización interesada en el dominio mundial (algo sospechosamente parecido a las multinacionales que gobiernan el planeta hoy en día). Gracias al apoyo de esta organización, el anticristo se presentaría con un programa de reformas económico-sociales que serían propagadas por los medios de comunicación.

También hay quienes vaticinan que los judíos, que no reconocen a Cristo, verán en el Anticristo al Mesías que aguardan y que consideran que acabará con las guerras y desastres mundiales y dará lugar a una vida de paz y prosperidad. El santo apóstol Pablo escribió advirtiendo de este hecho las siguientes palabras: «El día del Señor llegará como el ladrón en la noche. Cuando digan: "paz y seguridad", entonces, de improviso, les sobrevendrá la ruina, como los dolores del parto a la parturienta, y no escaparán» (1 Tes. 5,1-6). Así quería avisar a la humanidad de la catástrofe que se cernía sobre ella.

El Anticristo, tras conseguir la adulación y el poder acabará por considerarse un ser excepcional, incluso una deidad, así que adelantará una nueva concepción del mundo, una nueva fe para sustituir a la añeja y trasnochada doctrina cristiana. Movido por sus ansias de grandeza, pretenderá pasar por Dios y se sentará en el templo (probablemente construido en la ciudad de Jerusalén) desde el que se le rendirá adoración. Según las escrituras del santo apóstol Pablo, la actividad del anticristo será muy exitosa, apoyada por Satanás y acompañada por las señales y los falsos milagros. Bajo esos milagros y señales del Anticristo San Pablo incluye los progresos artísticos y científicos, utilizados para reforzar el poder del Anticristo (el «espíritu infundido en la imagen de la bestia» (Apoc. 13,15). Se aplicará el más perfecto sistema de espionaje y seguimiento, inclusive el control del comportamiento humano; así los que quisieran comprar o vender algo, deberán presentar un permiso especial para tal fin («la marca de la bestia», Apoc. 13,17). Los programas de radio y televisión, al igual que la prensa, estarán dirigidos para fortalecer sin interrupción el culto al líder, y para crear una opinión pública elaborada por las autoridades. Los que expresen sus dudas acerca del sistema y la figura o decisiones del Anticristo serán aniquilados al considerárseles enemigos de la humanidad.

La imagen del anticristo que ha de venir figura en el libro del profeta Daniel bajo la forma del «cuerno pequeño», que presenta los rasgos del rey de Siria Antíoco IV Epífanes, un cruel perseguidor de los creyentes judíos. En el Apocalipsis de San Juan *el Teólogo*, el anticristo está representado como una bestia salida del mar (Apoc.

Cap. 13, y 19-21.10) y tiene rasgos de los emperadores Nerón y Domiciano (Nerón reinó desde el año 54 al 68 d.C. y terminó su vida suicidándose; bajo su reinado en Roma sufrieron martirio los santos apóstoles Pedro y Pablo; Domiciano reinó de 81 a 96 d.C., promulgó el decreto de la persecución universal de los cristianos que no le adoraban como a un dios). Bajo él fue desterrado el apóstol San Juan *el Teólogo* a la isla de Patmos. Muchos hombres creían que Domiciano era Nerón reencarnado, lo que puede utilizarse para caracterizar al anticristo: «Bestia que tiene una herida de espada y que ha revivido» (Apoc. 13,14), contemporáneos del apóstol. Es necesario explicar que en el Apocalipsis, como bestia, se comprende no solamente al propio anticristo, sino también todo el aparato estatal de su imperio anticristiano.

Al examinar los prototipos bíblicos del último Anticristo que ha de venir se observan una serie de rasgos comunes. Todos ellos eran hombres nulos política e intelectualmente, lo que les convertía en unos gobernantes incapaces. Llegaron a las posiciones más elevadas no por sus méritos, sino sólo aprovechando la situación favorable; eran más bien conspiradores que hombres con amplia mentalidad estadista, todos ellos sufrían de complejo de grandeza y en la vida privada eran mentirosos, lujuriosos y crueles. Dados estos precedentes, es de suponer que el último Anticristo cumpla las mismas características.

Si nos atenemos textualmente a lo indicado por las Sagradas Escrituras, la actividad del Anticristo durará tres años y medio y finalizará con el advenimiento de Cristo, la resurrección universal y el Juicio Terrible (Dan. 7,25; Apoc. 11,2-3, 12,14 y 13,5). San Cirilo de Jerusalén, en sus Instrucciones Publicadas (5 y 15), y San Efrem *el Sirio* en su «Discurso acerca del advenimiento del Señor y el Anticristo», describen detalladamente el carácter, la personalidad y el modo de actuar del Anticristo. San Juan *el Teólogo*, en el Apocalipsis, menciona la aparición de «dos testigos» durante el período activo del Anticristo (se supone que podría tratarse del profeta Elías y del patriarca Enoch), quienes profetizarán la verdad y harán milagros, pero serán asesinados por aquél cuando finalicen sus testimonios (Apoc. 11,3-12).

Todas las señales de la llegada del Anticristo pueden parecernos fáciles de observar, pero el poder descubrirlas depende en realidad del nivel espiritual del hombre. Los pecadores no están en condiciones de comprender lo que ocurre ante sus propios ojos, ni hacia dónde rueda el mundo. Por eso, el Salvador prevenía a sus discípulos diciendo: «*Estad atentos, no sea que se emboten vuestros corazones por el libertinaje, la embriaguez y las preocupaciones de la vida, y de repente caiga sobre vosotros aquel día como una red; porque vendrá sobre todos los moradores de la tierra. Velad, pues, en todo tiempo y orad, para que podáis evitar todo esto que ha de venir y comparecer ante el Hijo del Hombre*» (Lc. 21,34-36).

Los cristianos deben conservar la esperanza pensando en la felicidad que conllevará el segundo advenimiento de Cristo en la tierra: «*Cuando estas cosas comenzaren a suceder (las penurias finales) cobrad ánimo y levantad vuestras cabezas, porque se acerca vuestra redención*» (Lc. 21,28). La realidad de este advenimiento es afirmada definitivamente por el mismo Señor Jesucristo con la indicación de una serie de pormenores (Mt. 16,27; Mt. 24; Mc. 8,38; Lc. 12,40; Lc. 17,24 y Juan 14,3). Este suceso fue declarado por los ángeles durante la Ascensión del Señor (Hechos 1,11) y los apóstoles nos lo han recordado a menudo (Ap. Judas 14,15; 1 Juan 2,28; 1 Pedro 4,13; 1 Cor. 4,5 y 1 Tes. 5,2-6, etc.).

El propio Señor describió su venida como repentina y manifiesta para todos: «*Como el relámpago, que sale del oriente y brilla hasta el occidente, así va a ser la venida del Hijo del Hombre*» (Mt. 24,27).

Antes de su segundo advenimiento, en el cielo aparecerá «la señal del Hijo del Hombre», y al verla, «llorarán todos los pueblos de la tierra». Según la opinión general de todos los Santos Padres de la Iglesia, esta será la señal de la vivificadora Cruz del Señor.

El Señor vendrá rodeado de un sinnúmero de coros angélicos en toda su gloria: «*Cuando el Hijo del Hombre venga en su gloria y todos los ángeles con Él, se sentará sobre su Trono de gloria*» (Mt. 25,31). Estas palabras del Salvador demuestran que su segundo advenimiento será muy distinto al primero, cuando Él se humilló voluntariamente a Sí mismo, presentándose bajo la imagen de un hombre simple, que vivió en la pobreza y sufrió constantes oprobios.

Vendrá para «*juzgar a la tierra rectamente*» (Hechos 17,31) y para «dar a cada uno según sus obras» (Mt. 16,27). En esto se distingue el propósito del segundo advenimiento al mundo con respecto del primero, cuando vino, no para juzgarlo, sino con el fin de salvarlo y para sacrificar su alma para la salvación de los demás.

El día que se produzca el segundo advenimiento de Jesucristo se producirá la resurrección de los muertos, a lo que se refiere el Señor al afirmar: «*Llegará la hora en que los que estén en los sepulcros oirán la voz del Hijo de Dios*» (Jn. 5,28). Cuando los saduceos expresaron su incredulidad acerca de la posibilidad de la resurrección, el Señor los reprendió diciendo: «*Estáis en un error, y ni conocéis las Escrituras ni el poder de Dios*» (Mt. 22,29).

La certeza sobre la verdad de la resurrección y la importancia de creer en ella, fue expresada por el santo apóstol

MISTERIOS DE LA HISTORIA

Pablo con las siguientes palabras; «*Si la resurrección de los muertos no se da, tampoco Cristo resucitó. Y si Cristo no resucitó, vana es nuestra predicación, y vana nuestra fe. Seremos falsos testigos de Dios, porque contra Dios testificamos que ha resucitado a Cristo, a quien no resucitó, si es que los muertos no resucitan... pero no: Cristo, primicia de los que durmieron, ha resucitado de entre los muertos... y como en Adán todos mueren, así también en Cristo todos revivirán*» (1 Cor. 15,13-15, 20 y 22).

La resurrección de los muertos aparece como un hecho que afectará por igual a justos y pecadores, a los que parezcan merecerlo y también a los que no: «Y saldrán los que han obrado el bien para la resurrección de la vida, y los que han obrado el mal para la resurrección de la condenación» (Juan 5,29; Hechos 24,15). Además, es indudable que luego de la resurrección, el aspecto de los justos será distinto al de los pecadores: «*Entonces —dijo el Señor— los rectos brillarán como el sol en el reino de su Padre*» (Mt. 13,43).

Los cuerpos resucitados, según se deduce de la palabra de Dios, serán esencialmente los mismos que pertenecían a las almas durante su vida terrenal: «*Es preciso que lo corruptible se revista de incorrupción y que este ser mortal se revista de inmortalidad*» (1 Cor. 15,53); pero esto significa que al mismo tiempo surgirán transformados en incorruptibles e inmortales. Serán por tanto espirituales y celestiales y estarán exentos de las necesidades corporales; por tanto se podrán comparar a ángeles. Y por lo que respecta a los pecadores, sus cuerpos resucitarán en forma renovada pero también reflejarán la maldad por su deterioro moral en su nueva vida inmortal.

El encuentro de los creyentes con el Señor está reflejado por el santo apóstol Pablo de la siguiente manera: «*Hermanos, no queremos que estéis en la ignorancia respecto a los muertos... Nosotros los que vivamos, los que quedemos hasta la Venida del Señor no nos adelantaremos a los que murieron. El Señor mismo, a la orden dada por la voz de un arcángel y por la trompeta de Dios, bajara del cielo, y los que murieron en Cristo resucitaran en primer lugar. Después nosotros, los que vivamos, los que quedemos, seremos arrebatados en nubes, junto con ellos, al encuentro del Señor en los aires. Así estaremos siempre con el Señor»* (1 Tes. 4,13-18).

La renovación del mundo ocurrirá en el «último día» después del Juicio Universal, y se efectuará por medio del fuego. Dice el santo apóstol Pedro que el mundo antediluviano fue anegado con agua «mientras que los cielos y la tierra actuales están reservados... para el fuego en el día del Juicio y de la perdición de los impíos» (2 Pedro 3,7): «Vendrá el día del Señor como ladrón en la noche y en él pasarán con estrépito los cielos, y los elementos, abrasados, se disolverán y asimismo la tierra con las obras que en ella hay... Pero nosotros esperamos otros cielos nuevos y otra tierra nueva en los cuales tiene su morada la verdad de Dios» (2 Pedro 3:10 y 13).

El Juicio Universal, al que se hacen continuas referencias en las Escrituras, comprenderá a todos los seres humanos independientemente de sus creencias y su bondad e incluso a los ángeles caídos (2 Pedro 2,4 y Jud. 6). Será «solemne y abierto», porque el Juez se presentará en toda su gloria junto a todos sus ángeles, ante la faz del mundo entero. Será «estricto y terrible», ya que se realizará según la verdad absoluta de Dios. Será *«el día de la ira y de la revelación del correcto juicio de Dios»* (Rom. 2,5). Será «el último y definitivo», determinando para la eternidad la suerte de cada uno de los juzgados. El resultado del Juicio será la sanción eterna: la bienaventuranza para los justos y el suplicio para los condenados.

El eterno suplicio de los pecadores es reflejado con estas palabras: «Apartaos de Mí, malditos, al fuego eterno —dirá el Hijo del Hombre el día del Juicio... e irán al suplicio eterno, y los justos a la vida eterna» (Mt. 25,41 y 46). Este estado de suplicio está ilustrado alegóricamente en las Sagradas Escrituras bajo el nombre de «Gehenna» (La imagen de la gehenna de fuego está tomada del valle de Hinom, en un suburbio de Jerusalén, donde se realizaban antaño las ejecuciones y se descargaba la basura; allí se mantenía continuamente el fuego para prevenir epidemias). En el Apocalipsis de San Juan *el Teólogo*, este lugar (o estado) se denomina «lago de fuego» (Apoc. 19,20). Y el santo apóstol Pablo dice: *«tomando venganza en llamas de fuego sobre los que desconocen a Dios y no obedecen al Evangelio de Nuestro Señor Jesús»* (2 Tes. 1,8).

El concepto de «ira» aplicado a Dios es relativo y alegórico, conforme lo aprendemos de las enseñanzas de San Antonio *el Grande*: «Dios es bueno, desapasionado e inmutable. Si alguien, reconociendo el hecho de que Dios es inmutable, se sorprende porque Dios teniendo estas cualidades se regocija por los buenos, pero aborrece a los malvados y se encoleriza con ellos, y otra vez tiene misericordia de ellos cuando se arrepienten, habrá que contestar que en realidad Dios ni se alegra ni se encoleriza, porque la alegría y la ira son pasiones humanas. Sería ridículo creer que sobre la Divinidad pueden influir bien o mal los negocios humanos. Dios es bueno y solamente hace bien, y no daña a nadie siendo siempre inmutable. Mientras tanto nosotros, cuando somos buenos, entramos en comunión con Dios gracias a la semejanza con Él; pero cuando obramos mal, nos apartamos de Él debido a que perdemos aquel parecido... De modo que decir que Dios aborrece a los malos, sería lo mismo que afirmar que el sol se esconde de los ciegos» (*Filocalia*, en ruso, vol. 1, pág. 150).

Gracias al hecho de que el mundo se vuelva mejor se podrá revelar el eterno Reino de Dios, el Reino de la gloria. Entonces finalizará el «reino de gracia», la existencia de la Iglesia militante sobre la tierra, mientras que la Iglesia celestial entrará en el reino de la gloria para fundirse con él. Entonces reinará el Hijo de Dios con el Padre y el Espíritu Santo, y «su reino no tendrá fin», como anunció el Ángel a la Santísima Virgen María (Lc. 1,33). La muerte perderá su poder: «El último enemigo reducido a la nada será la muerte... entonces se cumplirá lo que está escrito: la muerte ha sido engullida por la victoria» (1 Cor. 15,26 y 54-55).

La bienaventurada vida eterna está representada alegóricamente en el capítulo 21.º del Apocalipsis: «*Y vi un cielo nuevo y una tierra nueva, porque el primer cielo y la primera tierra habían desaparecido; y el mar no existía ya*». En el Reino de la gloria todo será espiritual, inmortal y santo, pero el hecho principal será que los que alcancen la futura vida bienaventurada y se conviertan en «*comulgantes de la Divina naturaleza*» (2 Pedro 1,4), serán partícipes de aquella vida perfecta, cuya fuente es Dios. Particularmente, los moradores del Reino de Dios, a la manera de los ángeles, serán dignos de ver a Dios (Mt. 5,8). Contemplarán su gloria no como si fuera a través de un vidrio opaco, ni por adivinanza, sino cara a cara. Y no solo la contemplarán, sino que participarán de ella, brillando como el sol en el Reino de su Padre (Mt. 13,43), siendo «coherederos de Cristo», al sentarse en el Trono con Cristo y compartiendo con Él la grandeza de su reino (Apoc. 3,21 y 2 Tm. 2,11-12).

«Ya no tendrán hambre ni sed, ni caerá sobre ellos el sol, ni ardor alguno, porque el Cordero, que está en medio del Trono, los apacentará y los guiará a las fuentes de las aguas de la vida, y Dios enjugará toda lágrima de sus ojos»

(Apoc. 7,16-17). Como lo dice el profeta Isaías: «*Ni el ojo vio, ni el oído oyó, ni vino al corazón del hombre lo que Dios ha preparado para los que Le aman*» (Is. 64,4 y 1 Cor. 2,9).

La bienaventuranza en Dios será particularmente deseable porque no tendrá fin: «*E irán los rectos a la vida eterna*». Sin embargo, hasta la gloria en Dios, según las enseñanzas de los Santos Padres de la Iglesia, tendrá grados diferentes de acuerdo con la dignidad moral de cada uno. Sobre ello es posible concluir por las palabras de las Sagradas Escrituras: «*En la casa de Mi Padre hay muchas moradas*». Dios «*dará a cada uno según sus obras... cada uno recibirá su recompensa conforme a su trabajo... y una estrella se diferencia de la otra en el resplandor*» (Juan 14,2; Mt. 16,27; 1 Cor. 3,8 y 15,41).

En conclusión, aunque el Apocalipsis presente un relato trágico, puesto a que como hemos visto hace referencia concreta a la persecución de la naciente iglesia por el Imperio Romano, su objetivo es fundamentalmente ilustrar cómo pese a esta persecución el reino de Dios prevalecerá. De esta forma, el libro del Apocalipsis es en realidad un buen augurio.

— Las inconsistencias del milenarismo

Actualmente están muy difundidas las doctrinas relacionadas con el reinado milenario de Cristo sobre la Tierra antes de que llegue el Juicio Final, que se conoce como quiliasmo o milenarismo. Defienden que mucho antes del fin del mundo Cristo volverá a la Tierra, destruirá al Anticristo, resucitará a los buenos y edificará un reino nuevo al lado de los justos en la Tierra que durará 1.000 años. Tras este período llegará la resurrección generalizada, el Juicio Final y la recompensa según las obras de cada uno. Estas teorías se basan en la visión del *Apokaleta* (el apóstol San

Juan *el Teólogo*) que figura en el capítulo vigésimo del Apocalipsis. En la antigüedad, los conceptos quiliásticos se difundieron principalmente entre los herejes, y en la actualidad han resurgido en las sectas protestantes.

Estas ideas arraigan en las sectas que proliferan hoy en día gracias a que no tienen fe en la resurrección ni en el reino de los Cielos, puesto que no se comunican con él a través de la oración. Además, algunas sectas participaron en las utopías sociales ocultándose tras las ideas religiosas que decían se intuían en el Apocalipsis. Pero es fácil demostrar cómo los quiliastas se equivocan al interpretar el capítulo vigésimo del Apocalipsis. En él, el término «resurrección» se refiere a la regeneración espiritual que otorga la fe en Cristo. Por tanto, como reino milenario se comprende el período comprendido entre el surgimiento del cristianismo y el fin de la existencia del mundo. San Juan dice en este capítulo que quienes han muerto a causa de Cristo están con Él en el Cielo, y la «segunda muerte» es la condenación de los pecadores en el Juicio General. Por tanto, los que se purifiquen en la gracia de Dios no se condenarán sino que estarán junto a Él. El capítulo vigésimo del Apocalipsis resume la historia del cristianismo en lo que se refiere a la lucha del diablo contra la Iglesia. El diablo es vencido por vez primera al morir Dios de forma redentora y volverá a ser derrotado cuando se produzca el fin del mundo, mientras que los mártires vencerán sobre Satanás al morir a causa de Cristo.

Capítulo IV
Y EL MUNDO SIGUIÓ GIRANDO

A través de la historia de la humanidad ha habido profecías que han señalado una fecha concreta en la que todo el mundo conocido desaparecería. No podemos opinar sobre las predicciones del futuro, pero en cambio sí que podemos analizar las profecías pasadas. El mundo sigue dando vueltas alrededor del Sol, pese a lo que muchos vaticinaron en su momento.

A continuación vamos a repasar las profecías que señalaron un inminente final del mundo y que fueron superadas por los acontecimientos. En algunos casos se ha especulado con la posibilidad de que haya un error en las fechas señaladas. Tal vez los profetas se equivocaron tan sólo en los números. Evidentemente, eso ya nunca se sabrá. O, si llegamos a saberlo, poco nos importará, porque significará que tenían razón y que por lo tanto el mundo tenía una fecha de caducidad.

En este punto, hay historias de todo tipo. Lo más curioso es constatar el temor que atravesaron aquellos que verdaderamente creyeron que el fin estaba cerca. Hay casos dramáticos, desaciertos accidentales e incluso alguna que otra anécdota irónica. Sin embargo, hemos de ponernos en la piel de los protagonistas de estas historias: ellos estaban convencidos de que no habría un mañana. Por ello, sus actuaciones no deben parecernos risibles. No hay miedo más grande que pensar que el mundo se acaba. Por ello, estas historias reflejan el terror que la naturaleza humana es capaz de experimentar en una situación tan extrema como la que estamos tratando en este libro.

Las principales causas de estas predicciones son confusiones de términos, sobre todo de pasajes de la Biblia. El terror milenarista, por ejemplo, es el principal exponente de estas equivocaciones. En estos casos no existe un profeta, sino que se hace una interpretación trágica de la Biblia y el boca-oreja es capaz de funcionar como un mecanismo de alarma social.

En otros casos, como veremos, algunos se han aventurado a vaticinar el fin del mundo. En la mayoría de los casos se debía a razones interesadas que llevaron a muchos a situaciones extremas e, incluso, a la muerte. Estos finales interesados son los más inquietantes de este capítulo porque demuestran la capacidad que tienen algunos hombres para manipular uno de los miedos que subyace desde siempre en el hombre.

Como se verá a lo largo de este capítulo, cuando la Iglesia Católica está consolidada, rechaza de plano todos estos planteamientos. La mayoría de estos profetas fueron juzgados y en muchos casos condenados por herejía. Algunos casos excepcionales contaron con el beneplácito del clero o al menos no fueron condenados y perseguidos, pero fueron extrañas excepciones a la regla.

De todos modos, por una parte discurrió la opinión de la Iglesia Católica y por otra los deseos del pueblo. Fueron muchos los que confiaron en estos profetas. Su mejor baza fue saber comprender las necesidades del pueblo y acercarse a él. La Iglesia Católica, en cambio, tenía una jerarquía demasiado estructurada para poder brindar soluciones a los miedos cotidianos de los feligreses.

Los primeros finales del mundo

La idea de que el mundo se acababa tuvo especial incidencia en el siglo X por el cambio de milenio. Sin embargo, antes de esta fecha, ese concepto ya surgió en las predicciones de algunos profetas que tuvieron gran difusión en su momento.

En los primeros tiempos del cristianismo, estas predicciones fueron en la mayoría de los casos aceptadas. Posteriormente, como se verá en este mismo capítulo, cuando la Iglesia ya estaba plenamente consolidada, se las consideró graves herejías y se persiguió a los que las mantenían.

Entre este grupo de primigenios profetas destacan Papías, que fue discípulo de San Juan y ejerció de obispo en Asia Menor; Justino, que fue martirizado en Roma en el año 165; San Ireneo, obispo de Lyon que falleció en el año 208 y Tertuliano, muerto en el año 288. Las predicciones de estos tres personajes coincidían en el concepto del final del mundo. En aquel momento convulso para la fe cristiana que todavía era perseguida por los romanos, estos ministros de Dios describieron la etapa de florecimiento que precedería al final de los tiempos.

Papías, por ejemplo, tuvo visiones concretas de cómo sería la Tierra en los tiempos previos al día del juicio final:

«Llegará un tiempo en el que las viñas crecerán y cada una de ellas tendrá mil cepas, y en cada cepa habrá diez mil ramas y cada rama contará con diez mil botones y en cada botón habrá diez mil racimos y cada racimo tendrá diez mil uvas y cada uva dará veinticinco medidas de vino. Y lo mismo sucederá con las frutas y todas las otras semillas. Todos los animales, utilizando este alimento de la tierra, vivirán en paz y en armonía y estarán completamente sometidos al hombre».

Justino sigue insistiendo en la importancia de la uva antes del final de los días:

«No se escucharán más gemidos ni lamentos; no habrá niños nacidos antes de término, ni ancianos que no cumplan su ciclo. Se construirán casas y cada uno de nosotros vivirá en ellas; se plantarán viñedos y nosotros mismos comeremos su producto».

En esta época, el hombre empezará a concebir una raza bendita que vivirá en armonía hasta que llegue el Juicio Final. En aquella época, estas teorías se integraban en el seno de la religión católica. Tal y como explica este profeta:

«Para mí y para los cristianos de una ortodoxia integral, tendrá lugar, durante mil años, una resurrección de la carne en la Jerusalén reconstruida, decorada y agrandada, como lo afirman los profetas Ezequiel, Isaías y otros».

Todo ello sentaba las bases de lo que sería el milenarismo del siglo X, que se estudiará en el siguiente apartado de este capítulo. La idea del fin del mundo, por lo tanto, aparece ya desde la génesis de la Iglesia Católica, por lo que no resulta difícil entender que haya llegado hasta nuestros días.

En la misma dirección cabe destacar la figura de Montano en el siglo II, un profeta cristiano asentado en Frigia (Asia Menor). Acompañado de dos profetisas, Maximiliana y Priscila (que aparece como Prisca en algunos textos), anunció el inminente final de los tiempos. No se han conservado escritos directos de sus predicciones, pero sus seguidores, durante los años subsiguientes, recopilaron sus vaticinios. Maximiliana, por ejemplo, profetizó:

«Después de mí no habrá ningún profeta, sino el final».

Ello hizo pensar que el mundo se acabaría en el día en que muriera la profetisa. El montenismo (que es el nombre que recibió esta creencia) creía que el nuevo mesías llegaría pronto, que la Nueva Jerusalén bajaría a la Tierra y que todo ello marcaría el final de los tiempos.

Los seguidores de Montano se establecieron en un pequeño pueblo llamado Pepuza, al que llamaron la Nueva Jerusalén. La doctrina era muy rígida, imponía ayunos periódicos, abstinencia sexual y renegaba del arte y de la filosofía. Cualquier conducta que tuviera como finalidad la búsqueda del placer era rechazado de plano por esta corriente que rozaba el fanatismo. Montano declaraba que se sentía en posesión del Espíritu Santo y que por tanto sus seguidores debían obedecer sin hacer preguntas a sus indicaciones.

Existen múltiples versiones sobre las prácticas montenistas. Algunos creen que eran asesinos rituales que despedazaban niños y se los comían en sus sádicas ceremonias. Sin embargo, aunque esta teoría ha sido esgrimida por muchos estudiosos, lo cierto es que no se han podido aportar pruebas concluyentes que demostraran la validez de estas afirmaciones.

El montanismo tuvo una gran difusión en Asia Menor. De hecho, llegó a establecerse como una iglesia derivada de la católica. Sus seguidores creían que no existía el perdón de los pecados después del bautismo. Renegaron de buena parte de los sacramentos y defendieron la tortura para conseguir confesiones. La mortificación y el ascetismo fueron los principales pilares de este credo que llegó a convertirse en una secta con múltiples adeptos.

Sin embargo, a partir del siglo III los gobernantes empezaron a perseguir a sus seguidores. A finales de ese siglo apenas quedaban adeptos que defendieran esta fe. Los ataques del gobierno consiguieron deshacer los grupos y la creencia, al ser tan dura de llevar a cabo, era bastante difícil de procesar por separado. Por lo tanto, poco a poco fue desapareciendo.

En el plano completamente opuesto a estas teorías encontramos a Cerinto, que no predica el ascetismo sino los placeres de la carne. Poco se sabe sobre esta enigmática figura. Según la mayoría de los estudiosos debía tratarse de un judío egipcio, muy influido por las creencias gnósticas que pretendían combinar la religión católica, con la filosofía griega y las creencias asiáticas.

Cerinto, que vivió durante el siglo II, tenía una particular visión del Nuevo Testamento. Según predicaba, Dios no era el creador del mundo. Un demiurgo menor había construido el mundo terrenal. Por otra parte, negaba la parte divina de Jesucristo. Según él, el poder para hacer milagros le venía del bautismo y le había abandonado poco antes de morir. Para él era un hombre, hijo de José y María, que había conseguido un poder superior. Él distinguía entre Jesús, el hombre y Cristo, el demiurgo que en cierta forma le había «poseído».

Las predicciones de Cerinto sobre el final del mundo eran bastante optimistas en comparación a las de sus compañeros. Según explicaba, cuando volviera Jesucristo se instauraría en la Tierra un período de felicidad en el que el hombre podría satisfacer sin remordimientos sus deseos carnales. Sería una época en la que reinaría el hedonismo y la satisfacción de todo tipo de necesidades materiales.

Después de esta plácida era llegaría el final de los tiempos. Sin lugar a dudas este era un desenlace mucho más halagüeño que el que ofrecían la mayoría de credos en aquel momento. Muchos le seguían, confiando en que si el Fin del Mundo llegaba, al menos no habrían perdido el tiempo mortificándose, sino que habrían disfrutado hasta el último momento de todas las sensaciones que podía brindarles su cuerpo. Una vez explotada esta faceta, estarían listos para dejarse llevar por la espiritualidad en el Juicio Final, en que se recompensaría su actitud hedonista.

Muchos son los que creen que Cerinto es en realidad el autor del Apocalipsis, que siempre ha sido atribuido a San Juan. El profeta creía que el único evangelio válido era el de Santo Tomás, porque en él se veía a Jesucristo como un hombre. Los cerintios se constituyeron en secta que tuvo importancia en la zona de Asia Menor. Sin embargo, al ver que el final del mundo no llegaba y que ese período hedonista cada vez parecía más lejano, muchos acabaron por abandonar la doctrina.

Algunos, a lo largo de la historia, han intentado recuperar los principios de este credo, pero no han conseguido nunca la repercusión que alcanzó la secta en el momento en que fue constituida.

El miedo milenarista

Existe un fragmento de la Biblia que no ha conseguido tener una explicación única. Se trata del que habla del milenio y la Parusía (el final de los tiempos). Según se desprende de las Sagradas Escrituras, después de la venida de Jesús habrá un milenio de tranquilidad en el mundo antes de la Parusía. Sin embargo, la explicación es demasiado ambigua. No se entiende si se trata de la primera venida de Jesucristo o de la segunda, durante el Juicio Final. Tampoco queda claro que la Parusía vendrá antes o después de ese milenio de paz. San Agustín dejó claro que la palabra milenio no se refería a mil años, sino que era una forma de designar un período de tiempo abstracto.

De todas formas, los milenaristas interpretaron que el milenio se trataba de mil años y que por lo tanto el año 1000 d.C. sería el último que les tocaría vivir, al menos en este mundo. Todo ello creó una paranoia colectiva. Muchos fueron los que pensaron que el cambio de milenio provocaría el final de la Tierra y el advenimiento del Juicio Final.

A todo ello, se le ha de sumar el clima de inestabilidad del momento. Cuando la situación social, económica y política es adversa, todo se dramatiza más y parece que los hechos conduzcan inexorablemente a un cataclismo final. Para comprender esos temores tendremos que hacer un poco de historia y remontarnos mil años atrás.

La situación política es cambiante. Tras el declive del Imperio Romano, Europa no consigue salirse de un sinfín de reyertas que dan el triunfo a unos durante un tiempo y a otros en el siguiente período. No es una época de estabilidad y eso siempre hace mella en el ánimo de los ciudadanos.

El reino ruso de Kiev, influido por el Imperio Bizantino, estaba consiguiendo imponerse en los mercados comerciales de Europa y logró un poder que hasta el momento nunca había ostentado. Los vikingos iniciaron sus viajes a Groenlandia y crearon la república de Islandia. Por otra parte, la reforma clunicense de 911 había conseguido que los monasterios se convirtieran en centros de almacenamiento de la cultura. De ese modo, en cierta forma, se apartaba la cultura y la religiosidad del pueblo llano, que ya no tenía el consuelo espiritual tan cerca como hubiera sido necesario en esos tiempos tan convulsos. En Alemania, Otón II se enfrenta al Papa Silvestre II declarando que su autoridad es superior a la del pontífice y creando el Santo Sacro Imperio Germánico. Por otra parte, Almanzor consigue gran poder y para los milenaristas se convierte en el Anticristo del que habla el Apocalipsis.

Son, por tanto, tiempos en los que la religión católica atraviesa una crisis. Todo ello, hace pensar en que tal vez ese es el signo inconfundible de que el mundo se acaba o que quizá Dios imponga un castigo.

A todo ello se le unen varios acontecimientos que crean alarma social. En el año 990 apareció «el mal de los ardientes». Muchos habitantes de Italia y Francia se veían afectados por una terrible quemazón que afectaba a sus extremidades en primera instancia y a todo el cuerpo después. Todavía en la actualidad no se sabe a qué se debió esa epidemia. Algunos médicos creen que se trató de un brote de peste. Otros, en cambio, consideran que en aquella época el pan contenía un hongo que no era apto para el consumo humano. Al tomarlo, los hombres presentaban esos extraños síntomas.

No deja de ser comprensible que una enfermedad de extraños síntomas, justo diez años antes del cambio de milenio, fuera interpretada por muchos como una de las plagas que predecía el Apocalipsis.

Por otra parte, los atribulados ciudadanos del siglo x estaban preocupados por el cielo. Constantemente aseguraban ver señales que vaticinaban el terrible final que les esperaba. Los astrónomos coinciden en afirmar que en esa época hubieron muchos eclipses lunares. Aquellas señales sin explicación en aquel momento eran interpretadas como anuncios del trágico final que les esperaba a los pobladores de la Tierra.

Por otra parte, la histeria colectiva llevó a muchos a asegurar que habían visto al diablo. Se le identificaba como un enano jorobado, con barba de chivo, extremadamente delgado, cabeza puntiaguda y frente llena de arrugas. Seguramente se trataba de algún desventurado que padecía alguna enfermedad degenerativa desconocida en la época. Sin embargo, para sus contemporáneos, la presencia del presunto Anticristo, tal y como señala el Apocalipsis, no podía significar otra cosa de que el final de los días estaba cerca.

El monje borgoñés Raúl Graber echó leña al fuego en el tema de las apariciones de satanás. Este religioso empezó a difundir teorías sobre la forma de actuación del maligno, lo que creaba todavía más pavor entre la población. Según explicaba, el demonio se ocultaba en las fuentes y árboles para atacar a sus víctimas. Pasado el milenio, este monje seguía en sus trece. En 1033 escribió que las estaciones habían cambiado y la naturaleza se había sumergido en un caos que culminaría con el final del mundo. Éste tipo de «noticias» creaban gran alarmismo entre la población.

Por otra parte, la terrible hambruna en la que había quedado sumergida Europa como consecuencia de las guerras, no era el mejor escenario para pensar con lógica. La agonía de los que vivían aquellos tiempos les hacía pensar que aquello no podía continuar así, que sin duda eran los últimos coletazos de un mundo que estaba tocando a su fin.

La Iglesia aprovechó este inestable clima para volver a guiar el rebaño. En sus sermones, los curas acusaban al pueblo de su mal. Dios estaba dispuesto a aniquilar el mundo por los pecados cometidos por el hombre. Para evitarlo, se debía rezar, visitar los Lugares Santos y dar limosna a la Iglesia. Se promovieron ayunos colectivos e incluso ceremonias en las que todos los participantes recibían el sacramento de la extremaunción para no abandonar este mundo en pecado.

En este ambiente crispado aparecen varios profetas que le ponen fecha al final del mundo. Abbon de Fleury dijo tener una visión sobre el Apocalipsis: ocurría en el momento en el que coincidiera la celebración de la Anunciación con la de Viernes Santo. Esta casualidad era muy metafórica: por una parte empezaba la vida de Jesús (con la Anunciación) y por otra acababa (con su crucifixión el Viernes Santo). Por tanto, era una forma de juntar principio y fin, cerrando el ciclo de la vida en la Tierra. Esta coincidencia se dio en el siglo I y se volvería a dar el 27 de marzo del año 992. Muchos expiaron sus pecados y esperaron dejar de ver la luz del Sol. Sin embargo, al día siguiente se levantaron y vieron que no había nada que temer.

En el año 960, el ermitaño Bernardo de Turingia tuvo una visión. Salió de la cueva en la que vivía y anunció en final de los tiempos. Como era un hombre muy piadoso y que contaba con muchos seguidores, sus palabras fueron creídas por buena parte de la población. Turingia no anunció nunca en que fecha ocurrirían estos hechos, pero dejó claro que sería inminente.

El último día de 999 fue conocido como El Gran Pánico. La vida en todas las ciudades europeas se paralizó. Nadie hacía negocios ni trabajaba. Todos intentaban saldar sus deudas espirituales: los enemigos se reconciliaban, se les concedía libertad a los esclavos, se perdonaban las deudas. La gente se refugiaba en las iglesias esperando la fatal hora en que el mundo dejaría de existir. El Papa Silvestre II ofreció una solemne misa en Roma que aglutinó a peregrinos de todo el mundo que esperaban compartir sus últimas horas con el pontífice.

El año cambió y la Tierra siguió girando. No pasó nada. Y a partir de aquí, como suele ocurrir con todas estas predicciones, la gente adoptó dos posturas. Es normal que, después de estar convencido de que el mundo se acabe, quede cierto sentimiento de engaño, de haber hecho el tonto. Muchos, a partir de ese momento, renuncian a cualquier teoría milenarista y creen que todo ha sido una gran estupidez colectiva. Pero son los menos. Muchos son incapaces de canalizar ese sentimiento y tienden a pensar que ha ocurrido algún error. El fin del mundo está cerca, pero no se ha calculado bien la fecha. De esta forma no se sienten idiotas por haber confiado en este tipo de teorías.

El mundo siguió girando, pero no todos respiraron aliviados. Entonces empezó otro movimiento que creía que el mundo se acabaría en 1033, puesto que el milenio tenía que contarse a partir de la muerte de Cristo.

Fueron tiempos inestables en los que el oscurantismo y la amenaza del final del mundo afectó a la población de una forma muy directa. El hombre del medievo veía cómo su guía espiritual, la Iglesia, se desmoronaba víctima de la avaricia y la amoralidad de sus componentes. Sin una guía clara, las leyendas y los falsos profetas pudieron colarse en el rico imaginario de un hombre que no controlaba su entorno. Cualquier manifestación natural era interpretada en clave catastrofista.

El siglo XII y sus falsos mesías

Dos siglos después, los temores milenaristas volvieron a campar por sus fueros. Una de las condiciones que ponía el Nuevo Testamento para el Juicio Final es que el Mesías volvería a la Tierra. En este siglo, varios personajes afirmaron ser el enviado de Dios. Los que les creyeron pensaron que aquello era una señal inequívoca de que se acercaba el Apocalipsis.

Antes de empezar a analizar los diferentes casos, debemos comprender las condiciones de vida en este momento. En esta época se había iniciado la Baja Edad Media. Muchos campesinos, cansados del hambre endémica que padecían, se concentraron en los núcleos urbanos, esperando tener mejor fortuna. Sin embargo, sus sueños no se hicieron realidad. En las ciudades la vida seguía siendo dura. Las diferencias entre ricos y pobres eran abismales. Hasta el momento, como vivían en el campo, no podían apreciar de primera mano la diferencia entre la vida de los señores feudales y su paupérrima existencia. En cambio, en la ciudad, la injusticia social se hace más manifiesta.

Ello hacía más fácil que desearan creer en un mesías, un personaje libertador que se pusiera de su parte.

A la sazón, la Iglesia atravesaba uno de los períodos más corruptos desde su creación. Exigían impuestos, llevaban una vida licenciosa y no estaban con el pueblo, sino con los gobernantes, que los atraían a su lado sobornándoles con privilegios. La Iglesia estaba más ocupada de su poder en este mundo que de cuidar de las almas de su rebaño.

Todo esto dejaba a los habitantes de Europa huérfanos de guía espiritual. Este sentimiento de desamparo fue canalizado por figuras que se presentaron a sí mismos como nuevos mesías que promoverían un saneamiento espiritual en Occidente. Las teorías que defendían criticaban duramente al clero y vinculaban la riqueza al mal y la pobreza al bien. Era una forma populista de conseguir el apoyo de gran parte de la población.

Muchos eran visionarios que rayaban la locura, pero su vehemencia era interpretada como símbolo de santidad y de integridad. En sus prédicas prometían a sus seguidores que serían los únicos que sobrevivirían al Apocalipsis, porque ellos habían sido los elegidos. Ése es el principio que aún en la actualidad emplean las sectas. Sin embargo, todo hace pensar que aunque estos movimientos fueran, en cierta forma, el precedente directo de las sectas, sus motivos eran cuanto menos mejor intencionados. Nada hace pensar que hubiera detrás un verdadero afán de lucro, sino más bien algunos casos de locura y de hartazgo por la situación que se vivía.

Un candidato a Mesías fue Tanquelmo de Amberes. Este hombre originario de Flandes (la actual Bélgica), consiguió el soporte de sus conciudadanos. Su táctica fue atacar las costumbres licenciosas del clero. Los hombres de Dios debían predicar con su ejemplo y no había duda de que no lo estaban haciendo. Por ello, hizo una interpretación radical de la Biblia y renegó de los sacramentos y de la propia Iglesia. No deja de ser la misma conclusión a la que llegaron Lutero y Calvino. Los habitantes de Amberes vieron en Tanquelmo al renovador espiritual que necesitaban. Le donaron el diezmo, un impuesto del 10 por ciento sobre cualquier bien que habitualmente se daba a la Iglesia Católica.

Eso fue su sentencia, puesto que el clero no estaba dispuesto a renunciar a las ganancias que conseguía con los impuestos. Tanquelmo decía que él era el portador del Espíritu Santo y se autoproclamó el rey secular de los últimos días que quedaban hasta que los pobres se hicieran con el poder, justo antes del final del mundo.

La presiones del clero eran cada vez más fuertes y finalmente acabaron apresando a Tanquelmo en 1112. El presunto mesías contaba con el apoyo de toda la ciudad de Amberes y de parte de Flandes, y gracias a ello pudo escapar. Durante tres años Tanquelmo formó una guerrilla que le ocultó y que siguió combatiendo por los ideales que defendía. Seguía contando con el apoyo de Amberes. El clero, pese a que intentaba recuperar su buena imagen, no conseguía que los habitantes de la ciudad volvieran a confiar en la Iglesia Católica. Muchos, en secreto, seguían realizando donaciones para que Tanquelmo pudiera continuar su lucha.

Pese al apoyo del pueblo, el poder la Iglesia Católica era enorme y tras tres duros años persiguiendo al presunto Mesías, en 1115 dieron con él. Fue encarcelado y condenado a muerte por herejía. Sus seguidores intentaron continuar con su obra, pero poco a poco perdieron fuerza hasta desaparecer. De todas formas, al clero le costó muchísimo recuperar su rebaño en Amberes. La idea de la proximidad del fin del milenio había unificado de tal forma a los seguidores de Tanquelmo, que era muy difícil que abandonaran esas creencias y volvieran a integrarse en el seno de la Iglesia como si nada hubiera ocurrido.

Se sabe que se hizo una campaña de saneamiento y se destinaron a Amberes a los religiosos más piadosos y menos corruptos. La idea era que los ministros de Dios volvieran a contar con la aceptación del pueblo y desterraran de la conciencia colectiva el sentimiento de que el fin de los días sería inminente.

Otro mesías bastante más belicoso fue Eudes, que consiguió una gran aceptación en la zona de Bretaña y la Gascuña francesa. Allí contaba con un sustrato bastante favorable: las creencias cátaras que promulgaban la vuelta a una Iglesia primitivista sin jerarquía y con la aportación de algunas creencias orientales, como el principio del bien y el mal y la reencarnación. Con este caldo de cultivo, a Eudes le fue fácil predicar sobre la corrupción de la Iglesia Católica y la necesidad de sumir a la sociedad en un caos para recuperar los ideales primigenios y crear una sociedad más justa. Cuando todo esto ocurriera, según vaticinaba, llegaría el fin del mundo y sólo los que hubieran abrazado sus creencias podrían salvarse y encontrar la paz.

Eudes tenía métodos bastante violentos. Creía que la única forma de conseguir un orden más justo era privando a la Iglesia de sus privilegios y riquezas y entregándoselos a los pobres. Por ello, Eudes y sus seguidores arrasaban monasterios, iglesias, capillas y en definitiva cualquier construcción sagrada. Saqueaban, quemaban y robaban todo lo que podían. Eudes les daba una excusa mística a los pobres campesinos que tenían una vida miserable y que a su lado se enriquecían a la vez que creían estar trabajando para salvar su alma una vez llegara el final de los días.

Evidentemente, el clero invirtió todo su poder para frenar esta amenaza directa sobre sus intereses y sobre la vida de los que servían a la Iglesia Católica. En 1148, Eudes fue apresado y compareció ante el Papa Eugenio III, que era un gran luchador contra las herejías que cada vez con más virulencia surgían en el seno de la Iglesia que dirigía. Eudes no se dejó intimidar por la presencia del pontífice y siguió defendiendo sus teorías. Delante del Papa se autoproclamó el nuevo mesías y volvió a anunciar el fin del mundo, asegurando que todos a excepción de él y de sus seguidores morirían.

Eudes fue encarcelado y murió en prisión. Se dice que el Papa no se atrevió a condenarlo a muerte, pues temía que alguna de sus afirmaciones fuera cierta y no quería tener sobre sus espaldas la responsabilidad de haber acabado con un nuevo mesías. Sin embargo, también hay quien asegura que la familia de Eudes intervino y consiguió que no fuera condenado a la pena máxima. No se sabe exactamente la razón, pero lo cierto es que en aquella época lo más normal es que hubiera sido condenado a muerte por herejía. Sin embargo, la Iglesia Católica se conformó con encarcelarlo y disolver su secta.

Sus seguidores tuvieron peor fortuna: la mayoría ardió en la hoguera bajo la acusación de herejía. Este movimiento fue casi totalmente desarticulado, por lo que la doctrina no pudo tener seguidores que le tomaran el relevo a Eudes.

El caso de Joaquín de Fiore

Sin duda, si hay un profeta que tuviera un peso específico en la historia de las predicciones del fin del mundo, en la filosofía y en la propia religión católica, éste fue Joaquín de Fiore (1149-1202).

Este profeta ingresó muy joven en la orden de Cister. Fue abad en Corazza y finalmente, debido a su gran energía, asumió la creación de su propia congregación, el convento de Fiore, en Calabria.

Su fama como hombre piadoso y sencillo, así como sus dotes proféticas, hicieron que reyes y nobles viajaran a Calabria para conocer en persona a aquel religioso al que todos llamaban «el profeta más grande desde los Apóstoles de Cristo». Las personalidades del momento buscaban sus sabios consejos y alguna indicación sobre cómo discurriría el futuro en sus respectivos reinos.

Se cuenta que Ricardo Corazón de León acudió a su abadía en busca de consejo político y espiritual. Pero no sólo los nobles se hacían eco de su fama, pues durante los tres papados en los que vivió fue protegido de los tres pontífices que veían en él a un hombre santo y piadoso. Éste es quizá el dato más sorprendente de esta historia. La Iglesia Católica, como hemos visto en casos anteriores, casi siempre ha perseguido cualquier separación de la versión oficial de la Biblia. Sin embargo, no sólo permitieron las interpretaciones de Joaquín de Fiore, sino que llegaron a estudiarlas con gran interés.

Se cree que en 1180 tuvo acceso a *Las profecías de San Cirilo*, un fraile griego que anunciaba el Fin de la Iglesia Católica y del Papado. La leyenda explicaba que un ángel le había llevado esas profecías a Cirilo.

Fuera como fuese, Fiore, después de leerlas, empezó a concebir una nueva teoría sobre el final del mundo. Dicen que meses después de aquella inquietante y reveladora lectura, «vio la luz» durante un sueño que tuvo la noche de Pascua. Según él mismo narró, en el sueño sintió un gran resplandor que iluminó su mente y su espíritu, de forma que a partir de aquel momento le fue mucho más fácil interpretar el sentido de la Biblia.

Este abad y ermitaño calabrés expuso una teoría que trastocó profundamente las creencias católicas. Los testimonios que nos quedan de sus creencias están recogidos en el libro que él mismo escribió *El evangelio eterno* y *La Summa profética* y en el tratado que redactó su discípulo principal, el franciscano Gerardo di Borgo San Domino, titulado *Introductio ad Evangelium Aeternum*. Ambos libros, así como el resto de la obra de ambos, han sido estudiados a lo largo de los siglos por filósofos y teólogos. De hecho, *El evangelio eterno* fue uno de los primeros libros que se imprimió en Occidente, cuando se inventó la imprenta.

Según explicaba, el mundo estaba compuesto por tres eras, que equivalían a cada una de las figuras de la Santísima Trinidad. La primera, la que aparecía en el Antiguo Testamento y la ley mosaica, era la del Padre. En ella Dios Padre reinó sobre los hombres de tal forma que en muchos casos éstos no comprendieron que no era la única divinidad, sino que formaba parte de la Santísima Trinidad.

La segunda era había empezado con la llegada de Jesucristo y estaba seguro que él y sus contemporáneos seguían sumergidos en esta época. Según los cálculos de Joaquín de Fiore, cada era debía durar 42 generaciones humanas, contando que cada una viviera al menos treinta años. Con estos cálculos llegó a la conclusión de que el nuevo período debía empezar en el año 1260.

La última sería la era del Espíritu Santo, en la que el ideal cristiano llegaría a todos los rincones del mundo, sin embargo sería el fin de la Iglesia Católica, tal y como se conocía hasta el momento. Todo el mundo viviría una época de espiritualidad profunda. Pero para posibilitar este cambio, la iglesia católica debería sufrir una transformación radical. Debería dejar de lado la estructura jerarquizada y fijarse en la sencillez que proponían los franciscanos. Una vida sencilla dedicada a la oración y al trabajo. La Iglesia terrena sería absorbida por la Iglesia

Espiritual y sería un tiempo de paz y reflexión en el que volvería el Mesías y también el Anticristo.

Fiore vaticinó el final de los Papas, diciendo:

«Roma, ciudad privada de toda disciplina cristiana, es el origen de todas las abominaciones de la cristiandad».

Para que empezara el período del Espíritu Santo era necesario que la Iglesia Católica se desplomara y diera lugar a una espiritualidad mucho más sencilla e íntima.

Muchos creen que las profecías de Fiore se cumplieron en cierta forma. En la fecha que él vaticinaba sí hubo una fuerte crisis en el seno de la Iglesia y el credo católico se desmembró en diferentes grupos. Por ello, se cree que tal vez lo que quería decir Fiore con el final de la Iglesia era que ésta dejaría de ostentar un poder sobre el cristianismo y se abriría la puerta a otras doctrinas que permitían una interpretación más libre de la Biblia.

Antes de llegar a la era del Espíritu Santo, el hombre atravesaría una época de catástrofes. Todos estos tormentos servirían para que el hombre reafirmara su espíritu y comprendiera que éste era mucho más importante que la realidad material que le rodeaba.

Tras este período, se habría cerrado el ciclo de la humanidad y por lo tanto llegaría el final de los tiempos. Él lo llamaba «el final de la historia». Fiore no era especialmente profuso en explicar cómo acabaría nuestro planeta. A él le interesaba, por encima de cualquier otra cosa, que todo el mundo estuviera preparado para la era espiritual que se avecinaba. Serían los mejores tiempos que había conocido el hombre y para disfrutarlos todos debían empezar un camino de renovación espiritual.

Joaquín de Fiore no pudo ver si sus profecías se cumplían o no, puesto que murió en 1202. A su muerte no fue tratado por la Iglesia como un santo, pero sí como un gran creyente. Posteriormente sí que se pusieron en tela de juicio sus doctrinas.

Sus seguidores todavía continuaban creyendo en sus predicciones. Principalmente, se trataba de los franciscanos espiritualistas y de los joaquinistas, que esperaron con alborozo la llegada del año 1260, que debería ser el inicio de una de las mejores épocas que había vivido la humanidad.

Muchos empezaron a ver que varias de las predicciones del monje calabrés se cumplían. Por ejemplo, identificaron al Anticristo, que según los seguidores de Fiore era sin duda Federico II. Este gobernante había sido excomulgado en varias ocasiones por el Papado, pero dirigía vehementemente varias cruzadas.

Algunos lo veían como el Anticristo de Fiore, mientras otros consideraban que era el Mesías del que hablaba en sus vaticinios, porque había rechazado la autoridad papal, lo que podía dar pábulo a la nueva era que él predecía.

En 1215 las teorías de Fiore fueron atacadas por la religión católica en el contexto del Concilio de Letrán. La principal crítica fue su concepto de la Santísima Trinidad, que se separaba del que predicaba el clero. Según los eclesiásticos coincidía con una creencia basada en el paganismo oriental, en que las tres figuras formaban parte de una colectividad.

Pese a que sus ideas fueron defenestradas por el clero y cada vez se opusieron más «peros» a su interpretación de la Biblia, lo cierto es que sus creencias continuaron vivas gracias a varios grupos que le tomaron el relevo y que fueron manteniendo su credo vivo a través de los siglos. El ejemplo más conocido es el de los espiritualistas, que provenían de los franciscanos y creían a pies juntillas en los vaticinios de Fiore. Ellos dieron lugar a los Testigos de Jehová, que como se verá en este mismo capítulo también adoptaron buena parte de las creencias milenaristas de este profeta.

William Miller, el padre de las nuevas predicciones

Sin duda las nuevas profecías sobre el fin del mundo, fallidas en su totalidad, tienen un padre común: William Miller. Éste será el antecedente que tomarán los anabaptistas y los Testigos de Jehová para vaticinar el final de la historia.

Miller era un granjero que nació en Pennsylvania el 15 de febrero de 1782. Era un bautista humilde y piadoso que a los treinta y cuatro años se sumergió en el estudio de la Biblia. No tenía ninguna formación, pero creía que su visión no estaba adulterada por las enseñanzas y, a través de su método intuitivo podría conseguir darle una nueva explicación a los hechos que se narran en las sagradas escrituras.

Dos libros de la Biblia llamaron especialmente su atención: el Libro de Daniel y el Apocalipsis. Para su cálculo partió de dos premisas que posteriormente se demostró que eran falsas. Una era que en el libro de Daniel cada vez que se habla de «días» realmente se refiere a «años». La otra es que el Anticristo que aparece en el Apocalipsis era en realidad el Papa de Roma. Esta herejía estaba muy en boga en aquella época en el seno de los credos protestantes.

Basándose en estos dos parámetros y en un concienzudo estudio de la Biblia, en 1818 Miller dio una fecha para el Apocalipsis: tendría lugar el 21 de marzo de 1843.

Las iglesias bautistas recibieron con alborozo la profecía y la secundaron. Se la hicieron llegar a sus seguidores. Durante años se prepararon para el gran día con penitencia y conducta ejemplar. Todos querían salvarse y ése era el único modo de conseguirlo.

Cuando se acercaba el día, los seguidores de lo que acabaría siendo el adventismo, vendieron sus negocios, regalaron sus bienes y, en definitiva, liquidaron cualquier atadura con el mundo material.

No fue un movimiento minoritario. Todos los periódicos sensacionalistas dieron bombo y platillo a la noticia. Demostraban que las señales del cielo vaticinaban el final. Explicaban las profecías de Miller con una lógica apabullante. Y la mayoría de la gente lo creyó con todas sus fuerzas.

Los sacerdotes tanto católicos como protestantes intentaron frenar aquella fiebre del fin del mundo. Explicaron desde sus púlpitos que era imposible ponerle una fecha al final de los tiempos. Argumentaban que Jesús había dejado claro que no se podía dar una fecha concreta. Sin embargo, sus prédicas tuvieron escasa repercusión. Ellos predicaban «lo de siempre» y la población se había decantado por creer en algo nuevo.

Hubo grandes concentraciones en Boston y Nueva York. Los adventistas se ataviaron con túnicas blancas para distinguirse del resto, que no habían creído en las predicciones sobre el fin del mundo. Llevaban meses reuniéndose en recintos al aire libre, como parques públicos. Querían convertir el fin del mundo en una fiesta. Su fe les hacía imaginar que ellos se salvarían del trance, por lo que debían hacer una celebración multitudinaria. Durante todo el 21 de marzo de 1843, esperaron el momento que no llegó. El mundo siguió tal y como estaba el día anterior y ellos habían perdido parte de sus bienes materiales.

La reacción fue terrible. Algunos se suicidaron para no afrontar su error que en aquel momento les debía parecer demasiado ridículo y deshonroso. Otros optaron por abandonar cualquier tipo de creencia. Por último, muchos perseveraron. Para los anabaptistas, el día en que no se acabó fue llamado «el día de la gran decepción». Se llegó a creer que había habido un error de cálculo y que el fin del mundo tendría lugar seis meses después. Esperaron y tuvieron la misma desolación que medio año antes.

Poco después de «la gran decepción», una fervorosa adventista, llamada Hiram Edson, dijo haber tenido una revelación en sueños. Según explicó, el día señalado había ocurrido algo grande, pero no en la Tierra, sino en el Cielo. Miller se había equivocado al interpretar que la Biblia hablaba de algo que ocurriría en nuestro planeta. Jesucristo se había ido del «lugar santo», donde se supone que vivía —hasta aquel momento nunca se había hablado de la distribución del Cielo— al «Santuario Celeste» o «Santo de los Santos». Allí se había puesto a juzgar a los muertos. En cuanto acabara, vendría a la Tierra para hacer lo propio con los vivos.

De esto hace más de 140 años y los adventistas siguen creyendo que Jesucristo tiene mucho trabajo en el Cielo y que su venida, está, literalmente, al caer.

Así se consiguió no perder a todos los feligreses y continuar con el culto iniciado por Miller. Éste murió en Low Hampton en 1849. Sin final del mundo y sin líder espiritual, los adventistas parecían tener los días contados. Sin embargo, una mujer tomó el relevo y consiguió que esta secta apocalíptica siguiera en pie.

Se llamaba Ellen Gould y pasó a la historia con su nombre de casada: señora White. Había nacido en Maine en 1827 y a los nueve años recibió una pedrada en la cabeza que le provocó múltiples visiones.

En 1844 tuvo una visión divina que le ordenó escribir todo lo que le había revelado. Cuatro años después se casó y su marido la apoyó en su labor. Escribió nueve volúmenes sobre cómo se tenían que comportar los seguidores adventistas. Fundó lo que se acabaría convirtiendo en la Iglesia Adventista del Séptimo Día.

Cuando enviudó, en 1881, se dedicó a predicar la inminencia del final del mundo en Norteamérica, Australia y Europa. En 1915 murió en California, habiendo conseguido aunar a los seguidores de Miller de nuevo.

Los testigos de Jehová y sus múltiples vaticinios

La secta de los Testigos de Jehová se basa en el inminente armagedón o final del mundo. Sus adeptos están convencidos de que ellos son los únicos que podrán salvarse y por tanto se ven en la obligación de intentar captar nuevos seguidores que también se salven de la terrible aniquilación del planeta. Muchas sectas funcionan de este modo, haciendo que sus seguidores se vean obligados a conseguir nuevos adeptos.

Sin embargo, las predicciones de los Testigos de Jehová son, como mínimo, sorprendentes: han fallado todas e incluso así han seguido contando con seguidores que han visto estos errores como equivocaciones menores.

Empecemos por el principio. El fundador de los Testigos de Jehová es Charles Taze Rusell, nacido en Pittsburgh (1852) en el seno de una familia presbiteriana. Cuando tenía diecisiete años atravesó una crisis religiosa que le llevó a concentrarse en el estudio de la Biblia. Llegó a la conclusión de que el concepto del infierno era una invención humana que no aparecía en las Sagradas Escrituras. De ese estudio también extrajo la idea de que el fin del mundo estaba cerca y que los hombres perecerían porque habían falseado la palabra de Dios.

Junto a unos amigos formó un grupo adventista, pero pronto rechazó aquella fe e inició el camino para montar su propia secta. El fin del mundo estaba cerca y, si no era escuchado, todos perecerían. A partir de aquí empezó a profetizar el momento en que Jesucristo volvería a la Tierra, se viviría un tiempo de paz y finalmente acabaría el mundo y sólo se salvarían sus adeptos.

Vaticinó la segunda llegada de Jesucristo y el final de los días para 1874. Evidentemente, el día señalado nada pasó y el mundo siguió girando. Sus seguidores se habían preparado para lo peor, muchos habían donado todos sus bienes a la asociación, convencidos de que en pocos días ya no les servirían para nada y que de ese modo se estaban ganando la vida eterna.

Sin embargo, nada de nada. Pasó 1874 y no hubo ni final del mundo ni llegada de Jesucristo. Entonces, Russell explicó que seguramente Cristo había vuelto a la Tierra, pero que no le habíamos visto. Según comenta, la segunda venida del Mesías a la Tierra no sería corpórea, sino espiritual, por lo que no tendría cuerpo.

Tras esta predicción fallida, fundó la Sociedad Wachhtower (La Atalaya) que en 1890 ya contaba con cuatrocientos seguidores. Russell les explica a sus acólitos que el armagedón está cerca. Vendrá Jesucristo y habrá una terrible guerra entre el bien y el mal. La batalla acabará con el mundo y entonces podrá establecerse el reino de Dios. De nuevo, Russell se arriesga y pone una fecha para el terrible suceso: 1914. Entonces, el fundador de la secta volvió a echar mano de la antigua excusa: había sido una venida invisible. En 1874 se había equivocado, pero ahora Jesucristo había aparecido en espíritu y el fin del mundo estaba más cerca que nunca.

Poco después de este suceso, Joseph Franklin Rutherford tomó el relevo de Russell y bautizó a su congregación con el nombre con el que se les conoce hoy en día: Testigos de Jehová. También le relevó en su faceta profética y con impaciencia vaticinó en final de los días para 1918. Cuando vio que el mundo seguía en su órbita, puso una nueva fecha: 1925, que también fracasó. En aquel tiempo, perdieron a las tres cuartas partes de sus seguidores, cansados de prepararse para un fin del mundo que nunca llegaba.

Habían creído que el fatal desenlace tendría lugar en cuatro ocasiones y en las cuatro se habían sentido engañados. No es de extrañar que salieran de la secta, lo que resulta más incomprensible es que el resto siguiera creyendo en estas predicciones.

Tal vez esta fuga tuvo algo que ver con la mansión que Rutherford preparó para los profetas. La predicción del armagedón en 1925 aparecía en el libro *Millones que ahora viven no morirán jamás*. Como suele ocurrir en estas asociaciones, el libro era de compra obligatoria, por lo que las arcas del profeta se vieron recompensadas. El caso es que estaba convencido de que durante el final del mundo de 1925 se encontraría con los profetas Abraham, Isaac y Jacob. Para que estuvieran cómodos les mandó construir una mansión llamada Beth Sarim (Casa de los Príncipes). Sin embargo, al ver que en 1925 no hicieron acto de presencia, decidió quedársela él como residencia. La casa había sido construida con las aportaciones de todos los creyentes.

Dándose un margen más largo, la siguiente predicción se fechó, sin concretar, en la década de los 40. Cuando acabó la Guerra Mundial pareció claro que el mundo no se acababa.

El siguiente líder de la secta, Natham Homer Knorr, pareció aprender de los errores de sus antecesores y no aventuró ninguna fecha para el final del mundo. Sin embargo, su sucesor, Fred Franz, volvió a las andadas. En su libro *Vida eterna en la libertad de los hijos de Dios* volvió a despedirse del mundo. Esta vez el hecho tendría lugar en 1975. La fecha no se debía a una visión sino a un cálculo lógico. El mundo debía durar 6.000 años y éstos, según sus cálculos, se cumplían justo en 1975.

Este hecho no tenía ninguna base científica. Se basaba en un mal cálculo evolucionista. El hombre llevaba mucho más tiempo en el planeta, pero los seguidores de Franz no lo sabían y su seguridad al dar las explicaciones fue suficiente para que lo creyeran.

Tras observar que por sexta vez la profecía no se cumplía, un millón de fieles abandonaron la secta.

De nuevo se anunció el final de los tiempos para 1984 y de nuevo varios miembros más de la secta la abandonaron decepcionados. Algunos estudiosos de sectas creen que los Testigos de Jehová consiguen ganar más adeptos y más aportaciones económicas de éstos cuando le dan una fecha de caducidad al mundo conocido. Por ello, según explican estos estudiosos, estas predicciones funcionan como una campaña de *marketing*. El problema básico es que acaban teniendo un efecto rebote, puesto que, después, los seguidores abandonan la secta y se sienten estafados.

Sin embargo, los que siguen militando en la asociación religiosa opinan que el fin del mundo está muy cerca y que los errores a la hora de ponerle fecha se deben a fallos humanos.

Por el momento no se ha vuelto a poner una fecha inequívoca, es decir, que aparezca en un documento y que sirva para todos los fieles. Puede ser que cada uno de los jefes de una congregación haya predicho otros finales del mundo, pero en un ámbito reducido que no ha tenido la trascendencia de los fundadores de la secta.

Terror y muerte en Waco

Hasta el momento hemos tratado de profecías ciertamente inocuas, en el sentido de que, cuando no se cumplían, simplemente provocaban la decepción de sus seguidores. Sin embargo, en los años 90 del pasado siglo nos enfrentamos a casos mucho más graves y peligrosos que acabaron con la vida de mucha gente.

Sin duda, uno de los que ha quedado grabados para siempre en la conciencia colectiva es el de Waco. La muerte de 97 personas, entre ellos varios niños, en el rancho de Monte Carmelo, a las afueras de Waco (Texas), quedó grabado a sangre y fuego en la memoria de todos los telespectadores que presenciaron las terribles imágenes que aparecieron en televisión.

Para comprender mejor este fenómeno, hemos de conocer algo de la historia de los davidianos, que era la secta que vivía en el rancho de Waco. En 1943, Víctor Tasho Hauteff (1885-1955) constituye la secta de los davidianos. Los fieles son básicamente ex adventistas del Séptimo Día que han perdido la fe en su Iglesia, debido a las fallidas predicciones del final del mundo. Cuando el fundador murió, la secta dio lugar a doce subgrupos. El principal fue liderado por la mujer del difunto, Florence. Ella anuncia que en la Pascua de 1955 el mundo se acabará.

Para esperar el crucial momento, se trasladan a vivir a Waco. Muchos venden todas sus propiedades y se mudan a ese pueblo para esperar allí el final de los días. Sin embargo, el día no llega. Algunos se mantienen firmes a Florence, mientras otros se integran en la «rama davidiana» que fue liderada durante veinte años por Ben Roden y que tuvo su cuartel principal en la granja de Monte Carmelo, en Waco.

Al morir, el liderazgo de la secta recae sobre su mujer, Louis, de sesenta y siete años, que se casa con Vernon Howel, un joven de veintitres años. Éste se hace con el poder de la secta, repudia a su mujer y se casa con otra que tan sólo tiene catorce años. Se sabe que, además, tiene a su disposición a catorce jóvenes más de la secta.

En 1990, Vernon se cambia el nombre por el de David Koresh y desde allí empieza a promulgar una serie de profecías apocalípticas y paramilitares que acabarán el 19 de abril de 1993 con el incendio de la granja y la muerte masiva de casi todos sus miembros.

La idea principal es que el Apocalipsis está a punto de llegar. Será una lucha entre el bien y el mal y los davidianos tienen que estar preparados. Por ello, cada día se entrenaban duramente con armas de fuego siguiendo tácticas paramilitares. Están convencidos de que el final más honroso que pueden tener es morir en un enfrentamiento con los militares americanos. Si eso ocurre, se convertirán en ángeles de fuego y podrían abatir a sus enemigos.

Koresh tenía varias denuncias por abusar de niñas menores de edad. A la policía le constaba que contaba con muchas armas y que no tenía permiso para la mayoría de ellas. Todas estas informaciones empezaron a crear un inquietante clima de crispación.

No se sabe exactamente qué pasó cuando el ejército de Estados Unidos entró en el rancho de Monte Carmelo. La mayoría de los estudiosos del caso ratifican las teorías de la policía. Los davidianos, al ver su final cercano decidieron inmolarse quemando la casa en la que vivían. Los miembros que intentaron huir de este trágico final, fueron apuñalados o tiroteados por compañeros suyos. También se baraja la posibilidad de que antes de que entraran las fuerzas del orden, Koresh les pegara un tiro en la nuca a buena parte de sus seguidores de manera ritual.

El recuento final fue aterrador: 96 davidianos muertos, 42 de ellos menores de dieciocho años. De todas las víctimas, 21 murieron por heridas de bala o arma blanca y el resto pereció a consecuencia del incendio. Cuatro agentes federales y dos civiles también fallecieron en la reyerta.

El papel del ejército y el FBI fue cuestionado y dio lugar a teorías conspiranoicas que afirmaban que los agentes del orden habían acabado con la vida de los davidianos. Lo cierto es que no existen pruebas que refrenden tal afirmación. Los davidianos estaban convencidos de que al morir de ese manera ingresarían directamente en el Cielo y se librarían de las desventuras del fin del mundo.

De todas formas, también se han planteado algunas hipótesis que mezclan estas teorías con el credo de la extrema derecha.

La puerta del cielo

El hecho que se va a relatar a continuación es, sin duda, junto al anterior, uno de los más tristes que se ha asociado con el fin del mundo. El 27 de marzo de 1997 perecieron treinta y nueve personas confiando en que su muerte les llevaría al nuevo mundo que sustituiría al actual.

Empecemos por el principio. En los años 70 del siglo xx, Marshall Applewhite fue abandonado por su esposa. Atravesó una terrible depresión que le hizo padecer problemas psicológicos. Estuvo bajo tratamiento y acabó casándose de nuevo con la enfermera que cuidó de él durante su internamiento en un centro psiquiátrico. Durante esa década Marshall y su mujer empezaron a acariciar la idea de desprenderse de su cuerpo y viajar a otro mundo. Estaban convencidos de que el final de la humanidad se acercaba y habría pocas oportunidades de que su espíritu alcanzara ese estadio. En 1974 fue detenido junto a su mujer por promulgar estas extrañas teorías que pretendían incitar al suicidio colectivo. Sin embargo, tras la declaración, salió sin cargos. El mesiánico matrimonio estuvo buscando una ocasión para liberarse de la carga de su cuerpo material.

La oportunidad, desgraciadamente, surgió en 1997. En aquella época ya habían fundado la secta «La Puerta del Cielo». Marshall, que se hacía llamar Doe por sus seguidores, era el líder. Alquiló una mansión en San Diego donde vivían la mayoría de los fieles. Otros entraban y salían del recinto y compartían la fe a la vez que intentaban llevar una vida normal.

Su actividad principal era la comercialización de páginas de Internet. Pero era un entretenimiento. Ellos, en cierta forma, estaban haciendo tiempo para que llegara el final de los tiempos.

Descubrieron una señal en el cielo: el paso del cometa Hale-Bopp. A partir de aquí, los acontecimientos se precipitaron. Marshall dijo haber visto claramente en la cola del cometa una nave espacial. Debían desprenderse de su cuerpo para que su espíritu alcanzara esa nave que les conduciría al paraíso.

Iniciaron los preparativos. Grabaron dos vídeos, en los que con una sonrisa en los labios se despedían de sus familiares y amigos y les anunciaban que se iban a realizar el viaje más increíble de sus vidas. Todos parecían felices y excitadísimos por su inminente marcha.

Marshall explicaba todo el proceso. Abandonarían sus cuerpos y por fin podrían liberar su espíritu. Nadie debía apenarse, pedía el líder de la secta, porque era una decisión que habían tomado libremente. Eran ellos los que se entristecían por la vida que les esperaba a los que se iban a quedar en la Tierra. A ellos sólo les quedaba presenciar el final de los tiempos.

El día señalado, treinta y nueve integrantes de la secta siguieron las órdenes del líder, que les dijo: «Hay que desechar el envase». Refiriéndose, claro está, a su cuerpo. Marshall, su mujer y el resto de adeptos se tomaron un cóctel letal: fenobarbital con puding, salsa de manzana y vodka. Después se tendieron en el suelo y se colocaron una bolsa de plástico en la cabeza.

La policía fue alertada por un antiguo miembro de la secta que recibió uno de los vídeos de despedida. Conociendo a sus antiguos amigos, se temió lo peor y no se equivocó.

Cuando la policía entró en la casa que ellos llamaban «El Templo», encontró a los treinta y nueve cadáveres en una habitación. Los cuerpos formaban una estrella. Todos llevaban túnicas púrpura en forma triangular y pantalones y calzado negro.

En los bolsillos tenían el pasaporte en regla y, además, al lado de cada cuerpo cada uno tenía preparada su maleta. Confiaban que esa documentación les sería útil en su último viaje. De hecho, en las maletas llevaban los enseres personales que creían que emplearían en el viaje al más allá. Uno de ellos había puesto, incluso, una pistola.

Después se supo que los miembros de La Puerta del Cielo no bebían, ni se drogaban, ni fumaban. Además, se mantenían célibes, esperando así hacer suficientes méritos para ser recompensados con la vida después de la muerte.

Los cadáveres tenían entre veinte y setenta y dos años. En su mayoría eran blancos, a excepción de dos hispanos y de dos hombres de color. Sus familiares nunca sospecharon qué era lo que tramaban en aquella casa hasta que un buen día pusieron las noticias.

Durante más de una semana, el suceso fue portada en los informativos de todo el mundo. Nadie entendía qué había ocurrido y por qué lo habían hecho. Normalmente, se acusa a los líderes de las sectas de drogar a sus adeptos y de exigirles cosas que ellos no hacen. Sin embargo, aquel caso era diferente. Se sabía que los miembros de la macabra orden no tomaban ningún estupefaciente. Además, su líder había muerto con ellos.

Hasta aquel momento, los vecinos habían pensado que se trataba de una congregación extremadamente pacífica. Se llamaban hermanos y hermanas entre sí, eran mayores, de un nivel adquisitivo alto y muy educados cuando se relacionaban con personas de fuera de su entorno.

¿Cómo pueden treinta y nueve personas tomar la fría decisión de suicidarse? Esta es una respuesta que los sociólogos intentan en vano encontrar. Algunos apuntan a la pérdida de valores de nuestra sociedad, mientras otros creen que se trata del terror que inspira la llegada del fin del mundo.

Paco Rabanne y la Mir

Sin duda, uno de los casos que rozó lo tragicómico, fue el que protagonizó el modisto Paco Rabanne. El diseñador español afincado en Francia predijo el final del mundo para el 11 de agosto de 1999, coincidiendo con el eclipse de sol que iba a tener lugar ese mismo día.

Paco Rabanne explicó exactamente lo que ocurriría: la nave Mir chocaría contra la Tierra y destrozaría París. Este hecho sería el detonante del final de los tiempos. Cuando la ciudad de la luz fuera borrada del mapa, empezarían una serie de desastres que culminarían con el fin del mundo conocido hasta el momento.

Rabanne se basaba en una interpretación que había hecho de las profecías de Nostradamus y algunos cálculos astrológicos que él mismo realizó. El célebre modisto aprovechó su notoriedad para lanzar esta predicción, que fue acogida con cierto escepticismo cuando no con manifiesta sorna. El sastre se refugió en un búnker que mandó construir expresamente, esperando el fatídico desenlace que debía acabar con la capital de Francia.

Evidentemente, no faltaron bromas y burlas cuando Rabanne salió de su refugio y contempló que la Tierra seguía en el mismo lugar donde la dejó y la Torre Eiffel no se había desintegrado. Fueron muchos los fotógrafos de diarios y revistas que persiguieron al modisto para ver qué cara ponía al ver que nada de lo que había profetizado se había cumplido.

Al preguntarle sobre lo que había ocurrido, el modisto dijo que había sido una exageración de los medios de comunicación. Él sólo admitió haber dicho que algunos pedazos de la Mir caerían sobre las calles de París y negó que hubiera vaticinado el final del mundo. Sin embargo, resulta extraño que se metiera en un búnker si no esperaba el peor de los desenlaces. Desde entonces, se han sucedido las bromas y los chistes sobre el error que cometió el modisto metido a profeta.

De todas formas, el diseñador sigue firme en sus convicciones. Cree que lo que ocurrió fue simplemente un error de cálculo al interpretar los textos de Nostradamus. Se sabe que las famosas profecías tienen algún que otro problema con los años que describen. Este punto se estudiará más detenidamente en el capítulo dedicado al célebre profeta. Por ello, Paco Rabanne ha vuelto a lanzar otra predicción: todos los hechos que relató ocurrirán en el año 2007, durante otro eclipse.

Capítulo V

MIEDO AL CAMBIO DE MILENIO

Así como en el año mil cundió el terror entre la población, la llegada del 2000 hizo que resucitaran muchas antiguas profecías que señalaban que en este año el mundo alcanzaría su fecha de caducidad.

Los cambios de milenio siempre resultan una fecha señalada. Durante muchas décadas se ha estado imaginando cómo sería la vida en el año 2000. La literatura de ciencia-ficción de los años 50 del siglo XX fijó como fecha el año 2000 para sus elucubraciones del aspecto del futuro. Por ello, al llegar esta fecha, el sentimiento de que algo tenía que suceder estaba anclado en el inconsciente colectivo.

A continuación analizaremos las principales predicciones que hablan que lo que supuestamente tenía que acontecer con el cambio de milenio. Algunas hablan de acontecimientos que tenían que pasar antes y otras de hechos que sucederían después del año 2000.

Como se verá a lo largo de este capítulo hay muchas teorías coincidentes. Muchas son las tribus de todo el mundo que creen que antes del fin del mundo llegará un mesías. Esta afirmación, que también aparece en la Biblia, es una de las más repetidas en todas las culturas.

Por otra parte, vale la pena distinguir entre dos tipos de finales. Algunos creen que el final será absoluto y que por tanto acabará la vida en nuestro planeta. Otros, en cambio, consideran que no se tratará de un final definitivo, sino de un cambio radical en la forma de vida de la Tierra. Grandes desastres naturales suelen ser, habitualmente, los responsables de este cambio. Después de pasar penurias, la humanidad encontraría la paz y se iniciaría una época de renovación espiritual.

No deja de ser curioso que las historias se repitan a lo largo y ancho del planeta durante diferentes períodos de la historia. Muchos atribuyen este hecho a posibles contactos de tribus lejanas que hasta el momento no se conocían. Otros siguen creyendo que se trata únicamente de una casualidad.

Sea como fuere, las predicciones tienen un punto en común: todas creyeron que el cambio de milenio acabaría con el mundo en el que vivimos. La mayoría le puso una fecha posterior y, en algunos casos, también se adelantaron unos pocos años a la señalada.

Cuando llegó el año 2000 muchas volvieron a ponerse de actualidad. Sin embargo, la profecía que más aterró al hombre en ese momento no fue antigua, sino de creación moderna.

«El efecto 2000» aglutinó la atención de todos los medios de comunicación, que no tuvieron casi tiempo de ocuparse de las antiguas profecías que volvían a ponerse de moda. El famoso efecto 2000 consistía en que los ordenadores serían incapaces de cambiar la cifra 1999 por la de 2000 y ello colapsaría todos los aparatos electrónicos del mundo.

De esta forma, todos los logros del último siglo quedarían caducos y el hombre perdería buena parte de los avances que había logrado. Por último, a todo ello se le añadiría el caos provocado por la falta de aparatos electrónicos.

Todo ello creó un inquietante escenario que rescató algunas profecías antiguas sobre el final de los tiempos.

Pero cuando llegó el momento los alarmistas descubrieron que sus hipótesis eran falsas y volvió la tranquilidad.

Sin embargo, los defensores de las profecías sobre el final del mundo siguen pensando que algunas se cumplirán en los próximos años. En este sentido, muchos apuntan a que el año 0 no se corresponde exactamente con el nacimiento de Cristo y por tanto los años anteriores para algunos y los subsiguientes para otros podrían ser los que trajeran todas las calamidades del cambio de milenio.

Por otra parte, muchos creen que el cambio de milenio es únicamente el principio de una nueva etapa que culminará con el final del mundo. Por ello, los cambios no han hecho más que empezar y se tendrá que esperar unos años más para saber si los vaticinios son o no ciertos.

La mejor manera de conocer con detenimiento este fenómeno es analizar todas las profecías que apuntan que el año 2000 será el principio del fin. Por eso, a continuación, hemos resumido las más importantes. Como pasaba en el capítulo anterior, para la redacción de este libro y por criterios de espacio, se han tenido de descartar algunas. Sin embargo, se ha intentado que quedaran reflejadas las que han contado con mayor credibilidad y que han sido analizadas con mayor rigor.

Catastrofismo astrológico

La astrología es uno de los métodos adivinatorios con mayor credibilidad entre la mayoría de la población. Por ello, no es de extrañar que cuando las estrellas auguran malos tiempos, muchos crean que el fin está cerca.

La rueda astrológica tarda 25.920 años en describir una vuelta entera. Sin embargo, cada dos mil años asciende un nuevo signo al firmamento para dominar el cuadro astrológico. Ese hecho se relaciona con bruscos cambios en el curso de la historia y con grandes cataclismos geográficos.

Repasemos lo que ha ocurrido a lo largo de la historia. Se cree que durante el cambio de Leo a Cáncer tuvo lugar el hundimiento de las grandes islas del Atlántico. Algunos consideran que tal vez en este tiempo también desapareció la Atlántida, aunque no hay pruebas que demuestren que tal cosa ocurriera.

Dos milenios después, cuando Cáncer dejó su lugar preferente a Géminis, nuevos desastres asolaron la Tierra. La mayoría de los estudiosos consideran que en ese momento un cometa colisionó con nuestro planeta. Ello provocó la desaparición del 80 por ciento de las especies que poblaban la Tierra. Los dinosaurios se convirtieron en fósiles y algunos apuntan que en esta época se produjo el diluvio universal.

Cuando Tauro relevó a Géminis, todo parece indicar que hubo grandes terremotos. Después de los mismos, nacieron las grandes civilizaciones orientales. Mesopotamia y Babilonia, principalmente, florecieron al amparo de la sombra del toro que reinaba en el firmamento.

El cambio de Aries a Piscis condenó al imperio romano a su desaparición. Se perdieron buena parte de los avances que esta civilización había conseguido alcanzar y se retornó a una época de oscurantismo. Sin embargo, por otra parte, también sirvió para iniciar una era espiritual en la que el cristianismo alcanzó todos los rincones del planeta.

A nosotros nos ha tocado vivir el cambio de Piscis a Acuario. Los astrólogos ven este cambio muy adverso para los pobladores de la Tierra, que según los astros se convertirán cada vez en más materialistas. Ello, según vaticinan algunos, puede provocar que se acabe con buena parte de los recursos naturales de nuestro planeta y puede conducir al fatal desenlace. Algunos esperan que este cambio astrológico esté acompañado de múltiples desastres naturales: activación de volcanes, terremotos, inundaciones, etc.

Por ello, algunos astrólogos consideran que tal vez éste sea el último cambio de zodiaco que podamos observar desde la Tierra. El materialismo feroz acompañado de los fuertes cambios climáticos podría condenar a la Tierra. Sin embargo, ningún astrólogo ha aventurado una fecha concreta, se dice que todo esto ocurrirá a partir del año 2000.

La conjunción de los planetas

Ésta es una vieja teoría que viene preocupando al hombre desde el principio de los tiempos. ¿Qué ocurriría si varios planetas se alineasen? La mayoría considera que seguramente habría terremotos y explosiones por todas partes. Muchos, en cambio, creen que no ocurriría absolutamente nada. Sin embargo, esta idea ha preocupado al hombre desde tiempos inmemoriales.

La primera predicción en este sentido se la debemos a Beroso, un célebre astrólogo e historiador babilónico que vivió, aproximadamente, hacia el año 2300 a.C. Él dijo claramente que ésta sería la razón del final de la Tierra. Nos han llegado unos escritos suyos en los que afirma: «Todas las cosas quedarán consumidas cuando los planetas que ahora van por su cuenta coincidan en el signo de Cáncer y queden situados de tal modo que sigan una línea recta. La inundación se producirá cuando se dé la misma conjunción de planetas en Capricornio».

Esta idea ha preocupado a los astrónomos desde hace muchísimos siglos. Se sabe, por ejemplo, que las mareas tienen mucho que ver con la Luna, pero nadie ha podido demostrar por qué. Los movimientos de nuestro satélite y de los planetas que nos rodean afectan directamente en los fenómenos atmosféricos. Pero al desconocer la razón, es imposible determinar qué ocurrirá en el caso que se dé esa terrible alineación planetaria.

Todas estas teorías cobraron importancia el 7 de mayo de 2001. En esa fecha hubo una conjunción de Marte, Venus, Mercurio, Júpiter, Saturno, la Luna y el Sol. Se trataba de los planetas más cercanos al nuestro, de su satélite y del Astro Rey. Así que aunque se trataba de una alineación parcial, bien podrían ocurrir fenómenos atmosféricos preocupantes.

Cuando se supo esta noticia, empezaron a desenterrarse todas las profecías sobre el fatal alineamiento de los planetas. Aparte de las palabras de Beroso, se encontraron augurios mayas y aztecas que también señalaban que el fin del mundo empezaría con el alineamiento de los planetas. Se fueron recopilando múltiples profecías que apuntaban que ésta sería la causa del final del mundo.

Estas predicciones empezaron a difundirse en Internet y se llegó a crear un auténtico clima de inquietud entre muchos que creyeron que este fenómeno sería el final del mundo. Sin embargo, el día señalado pasó y no ocurrió lo peor. Algunos consideran que los efectos del alineamiento no son inmediatos y que en los próximos años sufriremos las consecuencias de la caprichosa postura que adoptaron los planetas. Los que refrendan esta afirmación consideran que empezaron a padecer terremotos, volcanes y desastres metereológicos de diferente índole.

No era, sin embargo, la primera ocasión en que se temía lo peor mirando al cielo. A mediados de 1998, el doctor Julian Salt, especialista en desastres naturales, había vaticinado una serie de calamidades para el 5 de mayo de 2000. En esa fecha, Mercurio, Venus, la Tierra, Marte y Júpiter también coincidirían. Según un estudio de Salt, las tensiones gravitatorias producirían olas de más de un kilómetro de altura.

El investigador consiguió que una compañía de seguros londinense le contratara para hacer una previsión de los estragos que provocaría la sucesión de maremotos. Salt consiguió un trabajo bien remunerado, pero el 6 de mayo no sólo lo había perdido sino que se había convertido en el hazmerreír de la comunidad científica. Desde que empezó a aventurar sus teorías, los científicos habían negado categóricamente esa posibilidad. Por ello, cuando el día pasó, Salt perdió todo tipo de crédito.

Los vaticinios de la madre Shipton

Esta famosa vidente de la Edad Media tenía poca confianza en que los hombres llegaran a conocer el año 2000. Según sus cálculos, el mundo se acabaría unos cuatrocientos años después de su muerte. No se sabe la fecha exacta de su defunción, pero los especialistas creen que la fecha señalada por la adivinadora para el final del mundo rondaría el año 1980. Algunos creen que hay un error de cálculo y que podría tratarse del año 2010. También se considera que tal vez no se conozca con exactitud la fecha de su muerte, por lo que esto podría ocasionar confusiones a la hora de comprender cuándo el mundo llegará a su fin.

Lo más sorprendente del caso es que proporcionó certeras descripciones de los síntomas que servirían para comprender que el final de los días estaba cercano. De hecho, todas las pistas que dio se corresponden con el modo de vida de la sociedad actual, por lo que según sus vaticinios, nos falta nada para despedirnos de este mundo. La mayoría de los estudiosos se queda anonadado al ver con qué precisión describió la vidente la vida de la sociedad en la que vivimos actualmente.

Una de las pruebas de que «esto se acaba», es que las mujeres se cortarían los rizos de la cabeza y se pondría las ropas de los hombres. Llevarían pantalones y se comportarían como si fueran varones. A partir de los años 20 del siglo XX, las mujeres empezaron a cambiar la moda y utilizaron pantalones. También muchas optaron por cortarse el cabello como los hombres. En la época en la que vivió Shipton esto era totalmente impensable.

Otro de los síntomas es que habría imágenes vivas con movimientos libres. Sin duda, la madre Shipton se estaba adelantando al invento de los hermanos Lumière. En sus visiones, vio cines repletos de gente en los que se proyectaban imágenes en movimiento y eso, teniendo en cuenta la época en la que vivía, le afectó enormemente. El cine sería uno de los signos de que el final se acercaba.

La madre Shipton también vio naves que nadaban como peces por debajo del mar. Los submarinos han conseguido hacer realidad ese prodigio que en la Edad Media parecía completamente imposible. Actualmente, no nos sorprendemos porque forma parte del mundo que conocemos, pero en aquel momento debía sonar a cosa de demonios o brujas.

Por último, la otra señal que dio se corresponde con otro prodigio técnico. La madre Shipton dijo que los hombres avanzarían a los pájaros y volarían por el cielo. Sin duda, los aviones actuales han cumplido las expectativas que creó esta vidente. ¿Cómo pudo imaginar una mujer en plena Edad Media que existirían los aeroplanos?

Cuando todo esto ocurriera, según la adivinadora, medio mundo moriría empapado en sangre. Shipton no ofreció detalles concretos de cómo ocurriría el final, pero los estudiosos de sus profecías consideran que apuntaba a una sangrienta guerra. Algunos, incluso, creen que se trataría de una guerra nuclear. Shipton vivía en una era en que las guerras eran el pan nuestro de cada día. Sin embargo, esto no significaba que el mundo se fuera a acabar. Para que este hecho sucediera se tenía que tratar de una guerra mucho más letal que las que había vivido hasta el momento la humanidad.

Algunos que han estudiado las profecías de Shipton consideran totalmente sorprendente que pudiera tener una visión tan acertada de cómo sería el mundo del futuro. Se ha apuntado, incluso, la posibilidad de que emprendiera algún tipo de viaje a través del tiempo que le confiriera esa visión del mundo en el que vivimos.

Sin embargo, esa afirmación, evidentemente, no ha podido ser comprobada. Muchos siguen pensando que sus profecías se debieron a sus afinadas dotes adivinatorias.

Ciencia Divina

Esta secta peruana dice ser una versión renovada del cristianismo, que ha conseguido más datos sobre nuestro futuro gracias a la llegada de otros mesías que se han comunicado con el mundo telepáticamente. Incluso señalan que algunos mesías han llegado a la Tierra y han difundido sus profecías. Según explican, el Primogénito Solar Cristo llegó a Perú en 1974. Desde 1975 a 1978 se hospedó en casa de Antonio Córdova Quezada, un hombre que vivía en el distrito de Lince, en Lima (Perú). Él es el depositario del saber que le fue revelado a la humanidad.

A partir de sus profecías y de una nueva interpretación de la Biblia, los seguidores de esta secta llegaron a la conclusión de que el mundo está formado por Alfa y Omega. Alfa es el principio y Omega el final. Las revelaciones provienen de los lejanos soles de Alfa y Omega en la galaxia Trino del Macrocosmos.

Aunque todo esto resulte un poco increíble, su concepto del fin del mundo ha calado en muchos países sudamericanos, sobre todo en Perú. La Ciencia Divina profetiza que habrá una renovación, lo que no significa que el mundo se acabe, pero sí que cambiará radicalmente. Todos estos acontecimientos ocurrirán a partir de 2001, que ha sido señalado por los seguidores de esta secta como «el divino año solar». A partir de este año no sólo se obrarán milagros, sino que ningún demonio podrá subsistir. También, según los seguidores de la Ciencia Divina, este tendría que haber sido el año en el que todos hicieran examen de conciencia y fueran juzgados por sus pecados. De esta forma, la humanidad se habría preparado para la nueva era que estaba a punto de empezar.

Los hechos se sucederán de la siguiente manera. Primero habrá un contacto con civilizaciones extraterrestres. Aparecerán platillos volantes por todas partes del planeta e iniciarán el contacto con los habitantes de la Tierra. Este hecho, que parece tan sorprendente, se asimilará y acabará formando parte de la realidad de nuestro entorno.

Seguramente, los extraterrestres conferirán grandes conocimientos a los terrícolas y a partir de ese momento empezarán a haber una serie de niños genios. Ellos tendrán la sabiduría que hará evolucionar a la humanidad. Todo ello hará cambiar la situación social. Ya no serán los adultos ni los ancianos los que tendrán más conocimientos, sino las nuevas generaciones.

Tras todo esto, llegará a la Tierra un nuevo mesías. Él demostrará a los científicos que cosas que se creían imposibles hasta ese momento, se pueden llevar a cabo. Su presencia cambiará para siempre la concepción de ciencia y demostrará que todos los adelantos que se han alcanzado no dejan de ser efímeros.

En cierta forma, la religión se impondría a la ciencia, cosa que no ocurría desde el siglo XVIII. La corriente científica, en aquel entonces, consiguió poco a poco ir apartando las supersticiones e imponer la lógica a todos los razonamientos. Pero a partir de 2001, y debido a las acciones de este Mesías, se produciría justo el fenómeno inverso. Los científicos no tendrían más remedio que reconocer que el conocimiento que habían acumulado durante años no era nada cuando se comparaba a las fuerzas divinas del universo. El mesías sería el encargado de darles esta lección de humildad que cambiaría para siempre el concepto de ciencia.

Cuando el redentor se vaya, se sucederán grandes cataclismos naturales de diversa intensidad. Se crearán nuevos continentes salidos de las aguas. Seguramente esto hace alusión a la famosa Atlántida, aunque no se menciona en concreto el continente mítico. Por otra parte, también se hundirán algunos de los continentes que se conocían hasta ahora, provocando muchas muertes. Los que crean en la Ciencia Divina sabrán dónde deben estar en ese momento para no perder la vida. Todo esto, evidentemente, acarreará drásticas consecuencias. Será difícil para los hombres sobrevivir. Escaseará el agua y la comida. En definitiva, el cambio será tan grande que no quedará nada del mundo tal y como lo conocemos nosotros. La estructura será diferente y la forma de vida no tendrá nada que ver con la que hemos vivido hasta el momento.

Y cuando todo esto ocurra, se llegará al Juicio Final. Cada uno habrá de pagar por sus pecados cometidos en este mundo. A partir de entonces, muchos creen que no quedará nada en el planeta, viviremos en una dimensión celeste...

Las profecías Hopi

Los hopi son una tribu de indios que habitan en el Suroeste de América y que desde siempre han empleado las artes adivinatorias para predecir los sucesos más importantes de la historia que afectaban a su pueblo.

De este modo, vaticinaron la llegada del hombre blanco que acabaría con el mundo que ellos conocieron. Esta invasión dio lugar a lo que llamaron el Cuarto Mundo, que ahora está tocando a su fin. El hombre blanco trajo el mal a la Tierra y ésta era acabará con una depuración espiritual que borrará para siempre esa malignidad que se ha instalado en el mundo.

Los hopi vaticinan que a partir del año 2000 se iniciará esta renovación que provocará grandes cambios y cataclismos naturales. Los cuatro elementos (tierra, fuego, aire y agua) serán los encargados de limpiar el mundo de impurezas. Por ello habrá muchos terremotos, incendios, huracanes y maremotos por todo el planeta. Todos estos desastres naturales sumirán al mundo en un gran caos a partir del cual se podrá construir uno nuevo. La destrucción tendrá como fin construir una realidad nueva y mucho más armónica.

El Quinto Mundo empezará cuando se vea desde la Tierra una gran morada en los cielos. Finalmente ésta caerá sobre el planeta provocando una destrucción terrible. Según explican los hopi, este lugar será una especie de enorme estrella azul que colisionará contra la Tierra. Algunos creen que tal vez se trate de un cometa o de un meteorito que acabará chocando con nuestro planeta y causando graves daños.

Sin embargo, lo que marcará el final absoluto del Cuarto Mundo será el ataque de lo que ellos llaman las naciones del Antiguo Saber. Según parece, estos países dirigirán un ataque nuclear que acabará con el maltrecho mundo conocido hasta el momento. Se ha especulado mucho sobre lo que puede significar el término «las naciones del Antiguo Saber». De hecho, éste es el término que más interesa a los analistas de estas profecías, puesto que no se da ninguna otra pista.

Muchos creen que los hopi se refieren a los chinos, poseedores de una cultura milenaria. Algunos, en cambio, creen que se refieren a los países árabes porque fueron la cuna de la civilización mesopotámica y babilónica. Por último, algunos ven la amenaza en Japón, que también posee una antigua cultura con un saber que data de milenios de antigüedad.

Sin embargo, las dos primeras opciones están adquiriendo cada vez mayor importancia a tenor del panorama socio-político que nos ha tocado vivir a principios de este milenio. China y los países árabes aparecen también en otras muchas profecías, lo que hace pensar que tal vez los hopi hablen también de estas naciones como desencadenantes del trágico final que le espera a la humanidad.

Por último, tras todo este período de destrucción, tendría lugar la renovación espiritual que caracterizará el Quinto Mundo. El anuncio de que los malos tiempos han acabado y de que se inicia una nueva era será lo que los hopi llaman *Pahama*.

El *Pahama* es el hombre blanco que vuelve a la tribu de los hopi en busca de paz y armonía para el mundo. Así, en cierta forma, se cerraría un ciclo. Por una parte, el hombre blanco fue el que destruyó el Tercer Mundo y creó la dictadura del Cuarto. Destruyó el hábitat natural de los hopi y vuelve a ellos para reparar el mal que ha hecho.

Ahora, en el Quinto Mundo, llegaría buscando la paz y la reconciliación entre indios y blancos. De esta forma, se acabarían las tensiones raciales y en cierta forma se reconocería el error cometido en el pasado al intentar aniquilar a los hopi y al resto de tribus indias que moraban en Estados Unidos.

El *Pahama* será una especie de mesías que llegará vestido de rojo y será sincero con los indios. Él llevará los símbolos sagrados y tras su llegada a la Tierra se iniciará una época de gran espiritualidad y comunión entre los pueblos.

El profeta indonesio

Desde el siglo XII, el pueblo indonesio conoce su futuro. Y desde ese momento, se han ido cumpliendo una por una las principales profecías con una sorprendente fidelidad. Todo ello ha hecho pensar que si las antiguas se han cumplido, es muy probable que las que empezarían en el año 2000 también se lleven a cabo. Muchos son los occidentales que han empezado a estudiarlas y analizarlas, convencidos de que son ciertas.

Pero empecemos por el principio. En el siglo XII vivió Djojobojo, que fue rey de Indonesia y líder espiritual de su pueblo. Él explicó los principales acontecimientos que ocurrirían en Indonesia y su pueblo conservó su palabra. Sus profecías se pasaron de generación en generación y, en algunos casos, también fueron escritas para que quedara constancia de ellas.

En el siglo XII Djojobojo predijo que siglos después de su muerte una extraña raza de hombres blancos, rubios y con los ojos azules conquistaría la isla y la gobernaría durante un largo período de tiempo. Los indonesios no podrían hacer nada para evitarlo y tendrían que plegarse al poder de los conquistadores durante siglos. Simplemente, tendrían que tener paciencia y esperar que llegaran tiempos mejores.

En el siglo XVII los indonesios debieron recordar las palabras de su líder espiritual. Fue en ese siglo en el que los holandeses (altos, blancos, rubios y de ojos azules) conquistaron la isla y la dominaron a su antojo. Indonesia fue durante muchos años una colonia holandesa y las libertades de los aborígenes fueron drásticamente recortadas durante todo ese tiempo. Sin embargo, nunca se llegó a perder la identidad indonesa y muchos continuaron confiando en las profecías de su líder ancestral.

Djojobojo profetizó que este período acabaría cuando los hombres blancos fueran expulsados por otros que llegarían del norte, tendrían los ojos rasgados y estarían muy poco tiempo en las islas. Su poder sería terrible, pero no se alargaría en el tiempo.

En 1942, en plena Segunda Guerra Mundial, los japoneses llegaron a Indonesia. Invadieron la isla, echando a los holandeses y se quedaron allí hasta 1946. Cuando perdieron la guerra, tuvieron que abandonarla. Como se había iniciado la descolonización, ya no volvió a manos holandesas, sino que consiguió la independencia.

Esto también había sido descrito en las profecías de Djojobojo. El adivinador había dicho que cuando los hombres de ojos rasgados abandonaran las islas, se iniciaría un período en el que los indonesios se gobernarían a sí mismos. Sin embargo, no sería un periodo de paz y felicidad. Habría muchísimos conflictos armados y derramamientos de sangre en casi todo el país.

En este punto, los analistas políticos han vuelto a darle la razón al antiguo profeta. La dictadura de Sukarno dibujó un panorama bastante inquietante que se correspondía con la lúgubre época descrita en las profecías. El conflicto del Timor Oriental también ha sido una fuente de muertes, guerras y atentados que parecen no tocar nunca a su fin.

Este período de muertes y conflictos acabaría cuando desde el oeste llegara un gran dirigente espiritual. Él conseguiría que todos los pueblos se unieran y que dejaran de haber guerras y asesinatos. De este modo, se iniciaría una etapa de profunda comunión entre pueblos, religiones y razas. Ya no habría más guerras, todos aprenderían de todos y por tanto dejarían de haber rivalidades entre las diferentes naciones del mundo. Ningún otro pueblo intentaría volver a conquistar las islas indonesias y se viviría un período de paz absoluta sin un ápice de tensión.

Algunos creen que las profecías de Djojobojo acaban aquí, mientras otros consideran que después de esto todavía hay más. Según los últimos, tras ese período de paz y prosperidad, el mundo se acabaría. No sería de una forma brusca, simplemente se alcanzaría un nuevo estado en otro mundo. Se cree que es probable que la tradición oral perdiera parte de estos vaticinios y que tan sólo hayan llegado algunas partes de los mismos.

Por todo ello, la última parte de las profecías de Djojobojo es la más conflictiva. No se sabe si verdaderamente vaticinó este futuro o simplemente se quedó en la llegada del líder espiritual. De todas formas, la mayoría de estudiosos creen que ambos conceptos tendrían mucho que ver con el fin del mundo que se relata en la Biblia. Sin embargo, parece bastante difícil que el profeta que vivió en el siglo XII pudiera tener acceso a las Sagradas Escrituras.

Algunos consideran que la civilización indonesia de aquella época tuvo más contacto del que podemos imaginar con el resto de pueblos. Sin embargo, éste es un punto que no se ha podido demostrar. Por ello, muchos piensan que la coincidencia bíblica es totalmente casual. Otros opinan que lo que ocurre es que tanto lo que relatan Djojobojo como la Biblia es totalmente cierto, por lo que es normal que las dos versiones coincidan.

Las predicciones de este profeta indonesio se han puesto recientemente muy en boga. Se ha comprobado que los anteriores datos se cumplieron uno por uno, lo que le ha dado muchísima credibilidad. Por otra parte, los hechos que describen empezarían a partir del año 2000, lo que hace que muchos esperen que el tiempo dé la razón a Djojobojo.

Las visiones de Moctezuma

Antes de morir, el emperador azteca Moctezuma tuvo una visión que comunicó a sus colaboradores más allegados. Éstos, cuando su emperador murió, se encargaron de difundir sus últimas profecías. Se pasaron de generación en generación a través de la tradición oral. Debían esconderse, puesto que la evangelización que llevaron a cabo los conquistadores intentó acabar con todas las creencias previas a la conquista.

Sin embargo, los seguidores de Moctezuma consiguieron instaurar en todos los pueblos indios el concepto de «el gran hombre de la comprensión», que acabaría con las guerras e inauguraría un gran período de paz en el mundo.

Según Moctezuma y sus seguidores, durante siglos, en sus tierras, se impondría una religión de cruces y sacerdotes que acabaría con toda la tradición india. Este dominio duraría siglos y acabaría en lo que según los cálculos aztecas se llamaría el noveno ciclo.

El noveno ciclo sería el más importante que viviría el hombre. Empezaría con una breve etapa de guerras, en las que morirían muchos hombres. Cuando los conflictos acabaran, ya no quedarían sacerdotes, pero la cruz seguiría reinando.

Esto, para muchos, significa el final de la Iglesia Católica, pero no de la fe cristiana. Algunos comparan esta predicción con la del final del papado que aparece en la Biblia y en muchos documentos proféticos. El fin del sacerdocio podía suponer el final de la jerarquía eclesiástica y por tanto el advenimiento de un nuevo orden religioso.

Algunos creen que al decir que la cruz continuaría pero no los sacerdotes, se está señalando el triunfo del protestantismo. Las iglesias protestantes mantienen el ideal cristiano pero rechazan la estructura sacerdotal y buena parte de los sacramentos en los que creen los católicos. Por ello, algunos analistas de estas profecías, consideran que ese momento tal vez ya ocurrió y que Moctezuma se refería al cisma de la iglesia católica y la protestante.

Para sustituir a los sacerdotes, llegaría «el gran hombre de la comprensión». Todas las religiones comprenderían que su palabra era la que debían seguir, por lo que ya habría muy pocas diferencias entre las diferentes culturas que pueblan el planeta. Todos los habitantes de la Tierra abrazarían el mismo ideal, por lo que ya no habría razones para el conflicto.

Esto ocurriría a mitad, aproximadamente, del noveno ciclo. Siguiendo la cronología azteca, este ciclo daría inicio en 1987, por lo que los hechos que se narran deberían de ser inminentes.

Las leyendas de los indios iroqueses

Las tribus iroquesas habitan todavía hoy en día en la zona de Canadá. Muchas han ido descomponiéndose e integrándose en la sociedad occidental. Sin embargo, pese a que cada vez son menos sus miembros, han conseguido defender su herencia a capa y espada. Estas tribus reivindican ante la sociedad occidental un mayor respeto a la naturaleza. Están convencidos de que la acción depredadora del hombre con el medioambiente nos conducirá al final de los tiempos y acabará con el mundo tal y como lo conocemos.

Su máximo profeta fue el líder espiritual Deganawida, que tuvo una serie de visiones en un sueño. Estas visiones hablaban del fin del mundo y fueron trasmitidas oralmente de generación en generación. La tradición oral actual todavía las conserva.

Deganawida predijo que dos grandes serpientes, una blanca y una roja, se enzarzaban en una terrible pelea. El conflicto entre ambas sería tan terrible que provocaría una ola de calor que partiría las montañas y haría que los ríos hiervan. Debido a ello, toda vegetación moriría. Los animales herbívoros no tendrían de qué alimentarse y también fenecerían. Los que se alimenten de ellos acabarían también extinguiéndose.

Este final enlaza con los principios ecológicos que sustentan los iroqueses. Ellos creen que la acción del hombre con el medio ambiente acabará volviéndose en su contra. La ola de calor podría corresponder al calentamiento del planeta que podría provocar el agujero de la capa de ozono. El resto bien podían ser consecuencias de la deforestación salvaje que está llevando a cabo el hombre blanco con los bosques de todo el planeta.

Las serpientes representan en buena parte de las filosofías indias la sabiduría y la cultura. Por lo tanto, el enfrentamiento entre la serpiente blanca y la roja podría suponer la contraposición de la cultura de los hombres blancos con los indios.

Siguiendo con las profecías de Deganawida, el conflicto provocará que ambas serpientes enfermen por el hedor a muerte. Esto puede significar que ambas civilizaciones, los blancos y los pieles rojas, pierdan buena parte de su población y también de sus ideales.

Finalmente, según las profecías que se desprenden del sueño de Deganawida, la serpiente blanca ganaba la batalla. A partir de aquí, se iniciaba una nueva era para el hombre, en la que los pocos supervivientes podían, finalmente, vivir en paz y armonía en el nuevo mundo.

Los problemas que tendrían que atravesar los supervivientes servirían para unirlos. De este modo, se acabaría con el racismo y empezaría una era de fraternidad entre todos los hombres que hubieran resistido todas estas calamidades.

Deganawida define del siguiente modo el nuevo orden mundial que se habría creado después de la lucha por la supervivencia:

«Crecerá un nuevo árbol, aún más glorioso que el que hoy dejo entre vosotros. Con ese nuevo amanecer, yo regresaré y bajo la sombra del nuevo árbol viviré con vosotros. Y se nos unirán no sólo las tribus rojas, sino también las blancas del norte, las negras del sur y las amarillas del este. Las cuatro razas vivirán en armonía bajo las ramas del nuevo árbol. La era que juntos conoceremos será la mejor que nunca ha existido. Todo lo que se había roto volverá a integrarse. Se restablecerá el Aro Sagrado. La caza será abundante y el espíritu de todas las criaturas se regocijará en la armonía de un nuevo orden perfecto. El Gran Espíritu, el propio Pájaro de Trueno, actuará en el interior de todas las razas, vivirá, respirará y creará a través de todos los pueblos de la tierra. Regresarán los creadores originales de la vida, los Alados del cielo y con ellos llegará a las naciones la paz».

Según los antropólogos que han estudiado a los iroqueses, estos indios canadienses creen que todos estos hechos empezarán a ocurrir a partir del año 2000. No hay una fecha concreta, pero algunos aventuran que los cambios más significativos que profetizó Deganawida podrían empezar a suceder a partir de 2020.

Los estudiosos de estas profecías creen que todos los cambios que describe el adivino se deben al empobrecimiento de las condiciones de vida en el planeta. Los conflictos raciales pueden provocar guerras que destruyan muchas zonas, pero no parece que el final se deba a una explosión nuclear. Más bien se apunta a las actitudes poco ecológicas del hombre con el planeta, que provocan que poco a poco éste vaya perdiendo sus recursos naturales y se den condiciones muy duras para la supervivencia del hombre.

Cuando esto ocurra, los pocos que sobrevivan habrán aprendido la lección y vivirán en armonía, respetando a la Madre Naturaleza y dejando sus rivalidades de lado de una vez por todas.

Las apariciones marianas

A principios de los años sesenta del siglo XX, algunas personas aseguraron haber presenciado varias apariciones marianas en Garambandal, Santander (España). Esas revelaciones les ofrecieron información de vital importancia sobre los hechos que acontecerían en la historia en los siguientes años.

Las apariciones marianas de Garambandal empezaron el 18 de junio de 1961. En esa fecha cuatro niñas recibieron la visita de un ángel. Se llamaban Mari Cruz (de once años) y Conchita, Jacinta y Mari Loli (todas ellas de doce años). Las pequeñas habían robado unas manzanas al profesor del pueblo. Después de la travesura, sintieron remordimiento y tiraron piedras a su izquierda, para castigar al diablo que las había tentado. Tras esto, recibieron la visita de un ángel que parecía tener unos nueve años, según declararon las testigos.

A partir de ese momento, las visiones se suceden. Cada vez que las niñas acuden a esa zona, llamada La Calleja, tienen una visión. Al principio son sólo ángeles, después reciben a la mismísima Virgen María.

En el pueblo se creó un gran revuelo. Muchos seguían a las niñas y las veían entrar en trance. Se quedaban con la cabeza para atrás en posiciones incomodísimas. Llegaron a pincharlas y quemarlas, pero cuando estaban en este estado no sentían absolutamente nada. Las imágenes fueron captadas por las cámaras fotográficas y de televisión y dieron la vuelta al mundo.

Los médicos que las examinaron en ese estado, así como los múltiples peregrinos que fueron hasta allí, no encontraban explicación que justificara lo que les estaba ocurriendo a las jóvenes. Se quedaban completamente en trance, sin más, y todas miraban hacia la misma dirección. De hecho, se explica que eran llamadas a la vez por la Virgen. Cada una estaba en su casa y de repente lo dejaban todo y se dirigían al lugar de reunión con su benefactora. Se comprobó que cuando esto ocurría, no hablaban entre ellas.

Al principio, los mensajes de la Virgen instaban al mundo a arrepentirse de sus pecados y a practicar la oración y la eucaristía. La Virgen decía que muchos eran los pecados que estaba cometiendo la humanidad y que debían hacer algo para cambiar su actitud. Si perseveraban, recibirían un gran castigo que les condenaría.

Las niñas intentaron advertir al mundo de que si no expiaban sus pecados, la hora final estaba cerca. Pero sus mensajes fueron poco escuchados. Durante mucho tiempo atrajeron a peregrinos de todo el mundo y a periodistas ávidos de dar la noticia más sensacionalista. Pero la Virgen, tras muchas apariciones, se cansó de no ser escuchada.

Las apariciones duraron más de cuatro años y acabaron el 13 de noviembre de 1965. Las niñas habían llegado a ese trance místico en 2.000 ocasiones y habían explicado todo lo que la Virgen les había revelado. Sin embargo, se les prohibió que explicaran cuándo llegaría el castigo si la humanidad no se comportaba como era debido. Se les dijo que sólo podían revelar la fecha ocho días antes de que este hecho ocurriera. La Virgen se despidió de ellas y les dijo que las volvería a visitar cuando la necesitaran. Sin embargo, al ver que sus palabras no tenían ningún tipo de resultado entre la población, decidió dejar de visitar a las jóvenes.

Las apariciones marianas han dado pábulo a todo tipo de interpretaciones. Algunos creen que verdaderamente ocurrieron, mientras que muchos son los que dudan sobre su veracidad.

De sus mensajes, sin embargo, se han hecho diferentes interpretaciones. La Virgen dijo que el 13 de abril de 1995 daría «El Aviso» para el fin del mundo. Sin embargo, en esa fecha no ocurrió nada fuera de lo habitual.

Algunos, en cambio, creen que «El Aviso» fue la cruenta guerra de Bosnia-Herzegovina. Según analistas de las apariciones marianas, esta guerra fue relatada con todo lujo de detalles por la Virgen a las niñas, que se quedaron aterradas con aquella terrible visión.

Las apariciones marianas dicen que el final de los tiempos vendrá tras la muerte del tercer Papa desde Juan XXIII. El pontífice sería Juan Pablo II y, según estas profecías, cuando él falleciera, empezaría el final de los tiempos.

Todo esto podría enlazar con la idea señalada por algunos profetas de que antes del final del mundo se acabará con el Papado. Sin embargo, a diferencia del resto de profecías, en este caso se da una fecha concreta que marca el principio del fin.

En la actualidad, algunos siguen creyendo en las apariciones marianas, mientras que otros seguidores perdieron la confianza al ver que no había «aviso». La Iglesia sigue estudiando el fenómeno aunque no le da excesiva credibilidad.

En un principio, el clero católico confió ciegamente en la visión de las cuatro pequeñas. Sin embargo, poco a poco fueron dudando de la santidad de aquellos acontecimientos y finalmente decidió que no había evidencias de que fueran un milagro. Se sabe, de todos modos, que en la actualidad algunos teólogos de la Iglesia Católica siguen estudiando lo que aconteció en ese pequeño y enigmático pueblo de Santander.

Los indios sioux

Esta tribu india también tiene una larga tradición de profecías que el tiempo demostró ciertas. Por ejemplo, mucho antes de que ocurriera, vaticinaron que el hombre blanco acabaría con el tipo de vida que conocían hasta el momento. Sabían que no podían hacer nada para evitarlo, pero también confiaban que algunos pocos sobrevivirían y seguirían manteniendo vivo el espíritu de la tribu y cuidarían de sus antepasados.

Tal y como decían las profecías sioux, primero terminarían con el animal que les permitían vivir: el búfalo. Es cierto que durante la conquista de Norteamérica se practicaba la caza del búfalo como diversión. Esta costumbre estuvo a punto de acabar con este animal del que dependían muchas tribus indias.

Los sioux también vaticinaban que el final de los tiempos dorados de su tribu no vendría de fuera, sino de dentro. «Beberemos nuestra propia destrucción», adelantaba una de estas profecías. Y verdaderamente se cumplió la profecía.

El hombre blanco llevó alcohol a las tribus de indios. Cada cultura tiene sus propias drogas y está acostumbrada a ellas. El problema señalado por muchos antropólogos es que se introduzcan drogas ajenas a la tradición de cada cultura. Eso es lo que ocurrió con los amerindios. Ellos estaban acostumbrados a tomar peyote y otras drogas alucinógenas. Entraba dentro de su cultura y se contemplaba en sus rituales. En cambio, el alcohol no pertenecía a su forma de vida. Por ello, cuando los conquistadores les dieron a probar el alcohol, muchos se hicieron adictos y poco a poco fue acabando con la identidad de la tribu. Por lo tanto, la destrucción de la tribu no se debió tanto a la invasión extranjera como a los nuevos hábitos que los conquistadores introdujeron en los poblados.

Sin embargo, todo esto se puede leer en cualquier libro de antropología. Lo que nos interesa realmente es saber cómo veían los sioux el final del mundo. Como muchos profetas, ellos también creían que el fin del mundo empezaría cuando llegara un mesías que cambiaría la concepción del mundo que se tenía hasta el momento de su llegada.

El líder de los sioux ogala, Alce Negro, profetizó cómo ocurrirían todos estos acontecimientos. Según explicó, había tenido una revelación en la que había visto claramente cómo vendría ese redentor. La profecía le dejó en un estado de trance que le duró casi tres días.

Según le había sido revelado por los espíritus de los antepasados, se originaría un mensaje espiritual de gran importancia en el este. Ese mensaje acabaría adoptando forma humana.

Alce Negro concretó cómo sería el hombre que se convertiría en el portador del mensaje más importante que la humanidad había recibido nunca. Este hombre que salvaría al mundo iría vestido de rojo y tendría una larga cabellera negra. No sería ni blanco ni indio. Se ha especulado mucho sobre su posible nacionalidad. Algunos creen que el venir del este podía ser chino o japonés. Otros consideran que tal vez sea negro, puesto que también tiene el cabello oscuro. Por último hay algunos estudiosos que consideran que puede pertenecer a una raza desconocida.

Siguiendo esta última aseveración, se disparan las hipótesis. Algunos creen que se trataría de un habitante de la Atlántida, que por tanto pertenecía a una raza que ha evolucionado diferente a la nuestra. Otros, en cambio, consideran que lo más probable es que el avance de la genética engendre nuevas razas y que tal vez ese mítico profeta sea un experimento de laboratorio.

Por último, tenemos las suposiciones ufológicas. Éstas creen que el hombre del que hablan los sioux es un ser venido de otro planeta que ha decidido establecer contacto en la Tierra. Por ello, su mensaje no sería únicamente religioso sino que también serviría para transmitirnos una sabiduría muy superior a la nuestra.

Su mensaje se extendería por todo el mundo, llegaría a todos los rincones del planeta y todo el mundo creería en él. De esa forma se unirían todas las tribus del mundo compartiendo un mismo credo, el de ese hombre sabio que conseguiría que no hubiera más guerras en el mundo.

Cuando la paz inundara el planeta, el hombre estaría preparado para abandonar su cuerpo y ser espíritu. De esta forma, habitaría el planeta. Ya no tendría necesidades físicas. Los espíritus tanto de los hombres como de los animales como de la vegetación y de los objetos inanimados vivirían en este mundo en perfecta armonía.

Este final de los tiempos no habla de otro mundo al que tengamos que acceder después de abandonar éste. Apunta una renovación espiritual que llevaría al hombre a un estadio superior sin necesidad de que abandonara este planeta.

Las tribus esquimales

Sorprendentemente, las profecías esquimales resultan muy parecidas a las de los indios sioux. Los antropólogos no pueden encontrar la razón de esta casualidad. En principio, ambos pueblos no han tenido contacto directo, por lo que parece ciertamente difícil que las historias puedan pasar de una a otra cultura.

Sin embargo, es indudable que las conclusiones tienen parecidos más que razonables.

Las profecías esquimales no fueron conocidas hasta 1912, cuando los chamanes de las tribus de los habitantes de iglús, empezaron a hacerlas públicas. No se sabe si éstas profecías venían ya de antiguo y simplemente fueron reveladas por los chamanes ese año o verdaderamente eran predicciones que llevaron a cabo los gurús durante el presente.

Se ha de tener en cuenta que los esquimales son quizá la tribu menos estudiada por la antropología y menos conocida por el público en general. Sabemos unos pocos tópicos sobre ellos, pero desconocemos casi toda su historia. Muchos creen que las duras condiciones en las que viven han disuadido a los posibles investigadores de llevar a cabo un análisis concienzudo de su historia, sus costumbres y su forma de vida.

Sea como fuere, hasta 1912 no empezaron a llegar los vaticinios esquimales que sorprendentemente coincidían con los de algunas tribus indias. Según estas predicciones, antes del fin del mundo llegaría un hombre del este «de piel clara, pero no blanca, con cabello largo y barba muy larga».

Esta descripción plantea el mismo interrogante que nos encontrábamos en la profecía de los sioux, que también esperaban a un redentor venido del este. ¿A qué raza pertenecería este Mesías? Las respuestas que hemos empleado en el anterior apartado son válidas para este: oriental, de color, un experimento genético, un extraterrestre... Cualquiera de estas respuestas podía ser válida.

Este hombre sería un gran profeta que llegaría a las tribus esquimales y que les explicaría todo lo que necesitaran saber. Cuando se fuera, sabrían que se acercaba el final de los tiempos.

Los esquimales, sin embargo, no explican cómo acabará el mundo conocido. Muchos creen que esperan que este profeta se lo explique y que hasta que venga no se atreven a aventurar ninguna hipótesis.

Todos los hechos tendrían que ocurrir un siglo después de que los chamanes lanzaran sus profecías, lo que significaría aproximadamente en el año 2012. Es esta fecha se presentaría el profeta y, a partir de su muerte, el fin del mundo podría acontecer en cualquier momento. Los esquimales no especifican si sería un fin del mundo total o se trataría de un cambio radical en la forma de vida del planeta.

En conclusión

Como se ha podido ver, hay muchas coincidencias en la mayoría de las profecías que anuncian que el año 2000 será el último cambio de milenio que nos tocará vivir. Lo más sorprendente del caso es que no existen nuevas fechas para el final del mundo.

La mayoría de las profecías marcaban el final de los tiempos para el año 1000 o para el año 2000, pero a partir de aquí no hay más fechas que le pongan caducidad el mundo en el que vivimos.

Existen varias teorías que explican este fenómeno. Muchos creen que lo que ocurre es que verdaderamente se acabará el mundo y que por lo tanto no se puede prever nada más, porque no habrá nada.

Otros, en cambio, creen que los profetas tienen un tiempo limitado de visión de futuro. Como la mayoría de las profecías son antiguas, ese tiempo de videncia concluye en el año 2000. En este sentido, algunos estudiosos de la predicción consideran que en los próximos años van a haber muchas revelaciones. Algunos nuevos profetas surgirán y vaticinarán lo que ha de ocurrir en los tiempos venideros. Así, volveremos a tener textos que hablen del futuro.

Por último, algunos consideran que el hecho de que las predicciones se acaben en el año 2000 significa que en este tiempo el desarrollo hará que los hombres hayan perdido su fe en las profecías y que por tanto no es necesario hacer vaticinios.

Sin embargo, sigue habiendo algunos textos de profetas que continuarán teniendo vigencia en los próximos años. En el siguiente capítulo nos dedicaremos a analizar en profundidad la palabra que nos han dejado los grandes profetas para el futuro.

Capítulo VI

LOS GRANDES PROFETAS

Ha llegado el momento de conocer a los principales artífices de las profecías que en la actualidad todavía provocan polémica y son tema de conversación de los estudiosos de esta materia. Muchos fueron los profetas y visionarios que en algún momento de sus vidas vaticinaron lo que debía ocurrir. En cambio, no son tantos los que a través de los siglos han conseguido que su palabra perdure.

En este capítulo tendremos un amplio espectro de los profetas más famosos, tanto antiguos como contemporáneos que han vaticinado qué ocurrirá en el mundo durante los siguientes siglos después de su muerte.

Una de las preguntas que más comúnmente se plantea en estos casos es ¿cómo pueden saber los hechos que aún no han ocurrido? Cada profeta, como se verá en este capítulo, tiene su propio método. Algunos miran las estrellas, otros tienen sueños proféticos, algunos utilizan técnicas adivinatorias... Como dice el refrán, «cada maestrillo tiene su librillo».

Muchos estudiosos de este tema creen que la forma es lo de menos, que lo importante es el mecanismo por el cual se puede acceder a hechos que todavía no han ocurrido. Según varios estudios existe una especie de conciencia colectiva sobre los grandes hechos de la humanidad. Esta especie de conciencia no es lineal y por lo tanto se puede acceder a ella desde cualquier época. Este razonamiento justificaría también que muchos profetas no puedan dar una fecha exacta de los acontecimientos que narran. Estos ocurren de forma caótica en las visiones, por lo que en muchas ocasiones pueden errar la fecha, pero no en lo que sucederá.

¿Por qué unas personas pueden acceder a «esa conciencia colectiva» y otras no? Esto sigue siendo un misterio que nadie puede aclarar. Tal vez algunos individuos están dotados de una sensibilidad especial que les permite acceder a ese conocimiento. Quizá, al creer que es posible vaticinar el futuro, buscan y experimentan hasta encontrar métodos que les permiten saber qué es lo que le acontecerá a la humanidad.

Sea como fuere, lo cierto es que en todas las épocas ha habido hombres que han visto más allá de su época y han dejado escritos con revelaciones asombrosas. En este capítulo abordaremos los casos de los profetas más célebres de todos los tiempos.

San Malaquías, el profeta no canónico

En 1595, Arnoldo de Wion, un monje benedictino de Douai, escribió el libro *El árbol de la vida* en el que recopilaba la vida de varios frailes seguidores de San Benito. Entre los protagonistas del relato aparecía San Malaquías, que tenía una profecía que hasta el momento nadie había publicado.

San Malaquías en verdad se llamaba O'Morgair, y nació en un pueblo de Irlanda llamado Armagh a finales del siglo XI. A los veinticinco años era sacerdote y colaborador del arzobispo Celso. O'Morgair fue el fundador del monasterio Ibrach y acabó sustituyendo al arzobispo Celso cuando este murió. En una peregrinación conoció la reforma que estaba llevando a cabo San Bernardo y se quedó completamente fascinado. A partir de entonces, intenta seguir su obra en Irlanda.

Malaquías tuvo una serie de visiones que se convirtieron en las profecías más célebres «no canónicas». Fue, incluso, capaz de vaticinar el día de su muerte: el 2 de noviembre. El Papa Clemente II lo canonizó en 1190.

Malaquías predijo cuáles serían los siguientes 111 papas a partir del año 1144. Los definía con una frase, que a veces estaba basada en su obra, en su país de origen o en el escudo de su familia.

Cada vez que en Roma se ha elegido a un nuevo pontífice, se ha consultado la lista y se ha encontrado alguna similitud con las palabras de San Malaquías.

Juan Pablo II es el 110 y se cree que su sucesor fue definido por el profeta como *De Gloria Olivae* (De la Gloria del Olivo). Éste será el último Papa. San Malaquías concluye su lista diciendo: «Y en la última persecución de la Sagrada Iglesia Romana, ocupará el trono Pedro Romano, que apacentará sus ovejas en medio de muchas tribulaciones; pasadas las cuelas, la ciudad de las siete colinas será destruida; el Juez Tremendo juzgará al pueblo».

No hay duda de que la ciudad de las siete colinas es Roma. No se sabe si será destruida individualmente o perecerá con el resto del planeta. Lo que sí parece claro es que su aniquilación será justamente anterior al Juicio Final.

Sin embargo, no se conocen más detalles sobre las profecías de Malaquías. Algunos creen que la razón es que no se han conservado todas sus profecías, mientras otros consideran que es posible que únicamente tuviera revelaciones de lo que iba a ocurrir con el Papado de la Iglesia Católica.

Las profecías de Nostradamus

Michel de Notredame (1503-1566) es, sin lugar a dudas, el profeta más famoso de todos los tiempos. Nostradamus aprendió astrología de pequeño, gracias a las enseñanzas de

163

su abuelo y esta ciencia adivinatoria sería la que le llevaría a hacer las predicciones más conocidas del planeta.

Nostradamus ya desde joven se interesó por la medicina y acabó convirtiéndose en un famoso médico. Durante la peste bubónica crea remedios capaces de aliviar los dolores e incluso de curar a los que fueron a visitarlo. En cambio, fue incapaz de salvar a su mujer y a sus hijos, lo que le sumió en una profunda depresión.

Este hecho provocó que se encerrara en casa y se consagrara al arte de la astrología. Como resultado de esta época de tristeza y amargura escribe *Las Centurias*, las predicciones más célebres sobre lo que el futuro nos depara que aún hoy en día cuentan con millones de seguidores.

Sin embargo, la acogida en su tiempo fue desigual. Las clases más desfavorecidas nunca vieron con buenos ojos el pesimismo futurista del profeta. En cambio, los nobles de muchas cortes, al ver como sus vaticinios se iban cumpliendo, recurrían frecuentemente a su consulta astrológica.

El célebre profeta volvió a casarse y con el éxito obtenido pudo dedicarse en cuerpo y alma a lo que más le agradaba. Nostradamus siguió editando y ampliando sus centurias a la vez que investigaba en su laboratorio para encontrar nuevos medicamentos.

La versión definitiva de *Las Centurias* contenía más de mil predicciones agrupadas en cien cuartetas. Mientras la nobleza y algunos reyes como Catalina de Médicis aplaudían su publicación, muchos decían que no era la voz de Dios sino la del diablo la que hablaba a través de Nostradamus. Los intelectuales de la época también mostraron su rechazo hacia los versos demasiado crípticos del profeta.

Nostradamus murió en 1566 y antes de su fallecimiento describió cómo sería éste:

«A su retorno de la embajada, el obsequio de un rey puesto en su sitio. Nada más hará. Irá a reunirse con Dios. Parientes cercanos, amigos y hermanos de sangre le encontrarán completamente muerto cerca de la cama y del banco».

Los aciertos de Nostradamus a lo largo de la historia son incontables: la Revolución Francesa, las Guerras Mundiales, el asesinato de Kennedy... Casi todos los acontecimientos históricos de cierta importancia se hallan en *Las Centurias*. El problema es que el lenguaje críptico de las mismas dificulta su entendimiento.

De todas formas, el análisis de estas predicciones podría ocupar tomos enteros. Por ello, nos concentraremos en el análisis de las que hablan del final de los tiempos.

El principio del fin

«El año mil novecientos y nueve
siete mes,
del cielo vendrá un gran rey de espano:
resucitar al gran rey de cuna angélica
antes, después marte, reinar en buena hora».

Durante mucho tiempo se creyó que esta cuarteta vaticinaba el final del mundo por la colisión de un meteorito contra la Tierra. Sin embargo, cuando llegó julio de 1999 nada de esto ocurrió y muchos pensaron que Nostradamus se había equivocado. Sin embargo, posteriormente, se han hecho algunas interpretaciones diferentes. La fecha 1999 podría ser un símbolo. El 1 es el número de la divinidad, mientras el 9 es el de lo humano. El 7 es el de la plenitud. Algunos analistas consideran que en esta fecha se ha acabado el tiempo que Dios ha concedido a los hombres para pensar sobre sus malas conductas.

Si éstos no han enderezado su forma de actuar empezarán a padecer los desastres naturales provocados por el abuso que han hecho de la naturaleza. «La cuna angélica» hace referencia a que se está preparando la venida del Mesías.

En las siguientes cuartetas, Nostradamus describe un mundo amenazado por la acción maligna del hombre. El saqueo de los recursos naturales, los genocidios, la civilización mecanizada, la pérdida de objetivos elevados y la necesidad de satisfacer los deseos lujuriosos han condenado al planeta y a sus habitantes. Nostradamus ve todos estos factores como una amenaza que se cierne sobre la Tierra.

— Sucesión de acontecimientos

Siguiendo las interpretaciones de los principales analistas de Nostradamus, a partir del cambio de milenio empiezan a sucederse una serie de acontecimientos que demostrarán que el hombre está lleno de odio y que ese rencor acabará provocando la extinción del mundo.

Según los principales intérpretes de estas profecías los hechos empezarán por una guerra en el Mediterráneo entre cristianos, árabes y judíos. Algunos consideran que ésta podría haber sido la Guerra del Golfo Pérsico, aunque también podría tratarse de la invasión de Irán. Después Nostradamus vaticina la muerte de un rey. Muchos creen que el monarca asesinado podría ser Juan Carlos I de España y tras su muerte podría haber un golpe de estado en España que acabara con la democracia.

Después habrán varias guerras que tal vez podrían entenderse como la Tercera Guerra Mundial. Un Papa, que podría ser Juan Pablo II, dejará Roma y designará otra residencia papal. Podría darse un período en el que varios Papas reinaran a la vez y algunos de ellos fueran asesinados.

Todo parece indicar que guerras o desastres naturales podrían destruir varias ciudades. Según los intérpretes de las profecías, éstas podrían ser París, Roma, Nueva York y Los Ángeles, entre otras.

La guerra más terrible de todas, la que acabará con el mundo conocido, será la que librarán China y Occidente. No se ha podido especificar cuántos años durará, pero se sabe que será una contienda terrible en la que sería probable que se emplearan armas de destrucción masiva.

A partir de aquí, son muchos los especialistas que intentan dilucidar qué ocurrirá y pocos los que coinciden en sus interpretaciones. Parece ser que llegaría el nuevo Mesías y el Anticristo, que sería destruido. También es posible que empezaran a haber contactos extraterrestres con civilizaciones de otros planetas.

— Se acerca el fin

Las condiciones del planeta, debido a la guerra y a la explotación de los recursos naturales cada vez serían más pobres. El sol y la luna se oscurecerían y a partir de ese momento, el hombre ya no podría vivir en el planeta.

Esta predicción dice literalmente:

«La luna oscurecida en profundas tinieblas,
su hermano pasará a estar de un color ferruginoso,
el largo oculto largo tiempo bajo las tinieblas
enturbiará hierro en la presa sanguinolenta».

El hermano de la luna es el sol, que deja de brillar, por lo que no se puede ver qué ocurre en el espacio. Este fenómeno ha sido descrito por muchos profetas: antes del fin, el planeta queda completamente a oscuras. En este momento, según Nostradamus, el planeta Hercóbulos, que ha estado escondido durante mucho tiempo, se acerca a la Tierra. Arrastra una masa de hierro magnetizado que según parece podría atraer a algunas naves para que se salvaran de la destrucción del planeta.

Otros, en cambio, creen que el efecto imán de este planeta atraerá a las almas de los que murieron en pecado para depurarlas en un nuevo estado celestial.

El nuevo mundo

Después de esta destrucción masiva quedarán unos pocos, los elegidos. Ellos crearán un nuevo orden mundial y podrán vivir en paz y armonía durante mil años. Después de ese período, según Nostradamus, volverá a aparecer la tentación.

Éste también es un final que encontramos en otras muchas más profecías. Después de una terrible lucha, los hombres alcanzan la paz y la armonía que siempre han deseado. Es imposible llegar a ella a través de una evolución, el cambio es terrible y traumático y pocos son los que sobreviven, pero a partir de ese momento empieza una era de armonía.

Los estudiosos de las profecías de Nostradamus no consiguen ponerse de acuerdo en los años en los que ocurrirá todo lo que el profeta vaticina. Algunos creen que todos estos cambios que conducirán a la renovación del mundo se iniciarán en la primera década de 2000.

Las visiones de Rasputín

Grigori Yefimovich (1871-1916), más conocido como Rasputín, pasó a la posteridad por sus intrigas palaciegas más que por sus dotes de adivinador. Sin embargo, este Maquiavelo moderno dio a la historia grandes profecías que con el tiempo se han ido cumpliendo.

Antes de abordar el contenido de sus vaticinios, haremos un breve repaso a la historia personal de este controvertido personaje. Nacido en Pokróvskie (Siberia) el

29 de julio de 1871, trabajó de campesino hasta 1901. Durante su juventud estuvo en un secta que creía en el fin del mundo llamada «Los Flagelantes». A los veinte años se casó y se hizo jefe de esta secta, pero su conducta licenciosa le valió el apodo de Rasputín, que significa «depravado» y también le sirvió para que le echaran de su pueblo natal. Durante mucho tiempo vagó por diferentes pueblos donde se dice que aprendió técnicas curativas desconocidas por la mayoría de los médicos del momento.

Llegó a San Petesburgo y en seguida empezó a moverse en los círculos de poder, donde se ganó una buena reputación, tanto por sus innovadoras técnicas curativas como por sus atrevidas orgías.

En aquella época, la zarina Alejandra Fiódorova lo llamó a palacio y le encargó la sanación de su hijo, que padecía hemofilia. Rasputín consiguió, mediante la hipnosis, interrumpir una de las hemorragias del niño, lo que le ganó el favor de la familia real. A partir de ese momento, su carrera fue totalmente imparable.

Llegó a ser uno de los personajes más influyentes de la corte. La zarina hacía todo lo que él le pedía y el zar hacía todo lo que decía la zarina, con lo que el que tenía verdadero poder en Rusia era Rasputín. Este poder en la sombra despertó la animadversión de la burguesía.

Rasputín se opuso a la intervención de Rusia en la Primera Guerra Mundial, lo que le valió un enfrentamiento abierto con el ejército. Cuando el Zar partió en 1915 a la guerra, el «monje loco» (que era el apodo que tenía) quedó al mando de Rusia. Aquello era más de lo que los ministros, la burguesía y el ejército estaban dispuestos a aguantar. Además, Rasputín no hizo mucho por reconciliarse con sus enemigos. Aprovechando el máximo poder que ostentaba liquidó a toda la oposición.

En 1916 fue invitado a cenar por un grupo de conspirado-res. Cuenta la leyenda que primero intentaron envenenarle, pero no surtió ningún efecto. Visto lo visto, decidieron dispa-rarle y después le tiraron al río. Dicen que la autopsia reveló que había muerto ahogado, pero que no encontraron ningún disparo.

¿Quién era en realidad Rasputín? Algunos dicen que el mismo demonio, mientras otros le consideran un santo que obró milagros y curó enfermedades que no tenían remedio hasta aquel momento. Sin embargo, su personalidad ha eclipsado su faceta de profeta. Son indudables sus aciertos, que se verán a lo largo de este capítulo. Llegó a predecir la caída del comunismo, las madres de alquiler e, incluso, algunos dicen que vaticinó el fatídico 11 de septiembre en el que Al Qaeda atentó en suelo norteamericano.

Todo ello ha hecho que con el tiempo mucha gente empe-zara a recuperar las profecías más célebres que escribió. A continuación, repasaremos los vaticinios más importantes de Rasputín sobre el fin de los tiempos.

— Madres de alquiler y manipulación genética

«El útero de la mujer será como la tierra de los ríos; esté-riles serán ambos. Y ello será incluso una gracia, porque el útero no estéril y la tierra no estéril parirán monstruos. Día desventurado será aquél en que el útero materno será comercializado, como se comercializa la carne de los bovinos. En este tiempo, el hombre, criatura de dios, se convertirá en criatura de la ciencia».

Aquí Rasputín se adelanta a su tiempo y explica lo que serán las madres de alquiler. Su postura es la misma que la de la religión cristiana, que critica estas prácticas por con-siderarlas «antinatura». Algunos también consideran que va más allá y habla de la manipulación genética.

— Revolución Rusa

«Toda revolución pretende romper las cadenas de la esclavitud, pero una vez rotas, ya están preparadas otras cadenas... desde los tiempos de las cavernas nada ha cambiado. Y nada cambiará, porque siempre se impondrá el más hartero, el más astuto y, a menudo, el más corrupto. Y según la condición del pueblo, llevará el vestido de la dictadura o de la democracia. Pero el hombre será siempre esclavo, aunque tenga la ilusión de ser libre...»

El profeta describe con gran pesimismo la revolución comunista que no conseguirá la libertad que predica y que seguirá manteniendo la esclavitud de la clase obrera.

«La cruz será arrojada en la bodega. Los martillos golpearán sobre los altares y las llamas devorarán las iglesias... Así comenzará la caza de la serpiente. Pero el buitre confiará la espada a una nube, que matará a la serpiente durante la tercera luna. El buitre se encarnizará después contra sus gusanos, hasta que perezca... cuando el establo esté lleno de bueyes, se abrirán las puertas, y entonces; adiós santa ¡adiós, santa de las santas! Esto sucederá en el tiempo del sol».

El martillo simboliza el comunismo que acaba con la fe cristiana en Rusia. La caza de la serpiente es para muchos de los analistas de estas profecías la caza de Trotski. El buitre es Stalin, que hace una purga entre sus gusanos.

— Segunda y Tercera Guerra Mundial

«Tres serpientes hambrientas se arrastrarán por los caminos de Europa. Y a su paso no dejarán más que humo y cenizas. Su casa será la espada, y su ley, la violencia. Y por la espada morirán, y con el polvo y la sangre arrastrarán una civilización. Cuando la espada sea envainada, habrá nuevas leyes y nuevas banderas. Pero las leyes aún encerrarán el germen de la violencia. Y cuando estos largos tiempos acaben, tres nuevas serpientes volverán a arrastrarse por los caminos de Europa, pero esta vez no volverá a crecer la hierba sobre la tierra marcada».

Las tres serpientes hambrientas son Stalin, Hitler y Mussolini. Las nuevas leyes y banderas significan las nuevas democracias y, tal vez, se hace referencia al nacimiento de la Unión Europea. La mayoría de estudiosos cree que «cuando estos largos tiempos acaben», señala el año 2027. A partir de aquí, Rasputín vaticina un nuevo conflicto bélico mucho más devastador que el de la Segunda Guerra Mundial.

— **¿Torres Gemelas?**

«Por todo el mundo se edificarán torres. Y se dirá que en las torres habitará la vida, pero aquellas serán castillos de muerte. Algunos de estos castillos serán sacudidos y de sus heridas saldrá sangre podrida que infectará la tierra y el cielo. Grumos de sangre infectada volarán como rapaces sobre nuestras cabezas. Y más de un rapaz caerá sobre la tierra, y la tierra donde caiga se volverá desierta durante siete generaciones».

Muchos analistas ven en esta predicción una alusión clara a las Torres Gemelas destruidas el 11 de septiembre en Nueva York. «De sus heridas saldrá sangre podrida que infectará la tierra y el cielo», puede referirse a la sed de venganza de Estados Unidos. Esos «grumos que vuelvan como rapaces» pueden ser las armas utilizadas para atacar a sus enemigos. Lo de las siete generaciones ha creado diferentes interpretaciones. Algunos suponen que la violencia engendra un odio que dura siete generaciones mientras que otros creen que el empleo de armas nucleares deja la zona inservible durante ese período de tiempo.

— Fin del mundo

«Será un tiempo de paz, pero la paz estará escrita con sangre. Y cuando se apaguen los dos fuegos, un tercer fuego quemará las cenizas Quedarán pocas cosas y pocos hombres; pero lo que quede deberá ser sometido a una nueva purificación, antes de entrar en el paraíso terrenal».

El tiempo de paz entre los dos fuegos es el período entre las dos guerras mundiales. El tercer fuego haría referencia a la Tercera Guerra Mundial, que acabaría con el mundo conocido. Como muchos profetas, Rasputín también cree que los supervivientes a la última contienda serán pocos pero podrán alcanzar la paz.

«Enfermarán las plantas y morirán una tras otra. Los bosques se convertirán en un enorme cementerio, y entre los árboles secos vagarán sin rumbo hombres aturdidos y envenenados por las lluvias venenosas».

Muchos creen que se puede tratar de una descripción de la lluvia ácida que hará casi imposible la vida en el planeta. Otros, en cambio, consideran que tal vez se trate de las consecuencias de la deforestación salvaje de los bosques.

«Oiréis a los hombres invocar la noche, pero la noche no llegará. Oiréis a los hombres invocar la quietud, pero ésta será un fruto que bien pocos podrán saborear... el mundo se convertirá en un molino que transformará la vida en un polvo venenoso. Y el ruido del molino será como el de una cascada y, llevado por el viento, penetrará en los palacios y en las chozas... el tiempo de la doble espiga estará condenado a la luz perenne y a la cascada».

El tiempo de la doble espiga es el año 2000. Todos estos terribles sucesos son muy parecidos a los descritos por las apariciones marianas. El desolador panorama se debe a la destrucción masiva iniciada por el propio hombre.

«El sol llorará sobre la tierra negra y un fantasma vagará por Europa durante una generación entera. Y antes de que se disuelva caerán rayos. Uno de ellos quemará los lirios, otro abrasará el jardín de las palmeras y un tercero asolará la tierra entre los ríos santos. El hombre se hará frágil como una hoja seca y sus huesos se doblarán y chasquearán como una rama quebrada. En este tiempo, la tierra sólo producirá hierbas envenenadas y las bestias sólo proporcionarán carne envenenada. Envenenado estará el hombre en este tiempo, porque será el inicio de la edad del ajenjo».

«El sol llorará sobre la tierra negra» hace alusión a la explosión nuclear de Chernobil, en 1989, cuyas consecuencias duraron una generación entera. «Antes que se disuelvan», es decir, que desaparezca la radiación «quemará los lirios» (se refiere a Francia, que es el país de los lirios). «Otro abrasará el jardín de las palmeras» (algún país africano) «y un tercero asolará las tierras de los ríos santos» (aquí puede referirse a la India o a Israel y Palestina). En este punto hay muchas discusiones, puesto que no queda claro si Rasputín apunta que en estos países habrán accidentes en centrales nucleares o serán bombardeados.

«Durante tres días el sol desaparecerá del cielo, y durante treinta días una niebla de humo y de dolor hará de la tierra un gris sudario. El hombre vagará como un perro enloquecido en este mar de desesperación; su vida será una agonía, y su única esperanza será la muerte».

Esta desoladora imagen también aparece frecuentemente en las profecías que se desprenden de las apariciones marianas.

— Política mundial

«Los venenos abrazarán la Tierra como un amante fogoso. Y en el mortal abrazo, los cielos tendrán el hálito de la muerte y las fuentes no darán más que aguas amargas, y muchas de estas aguas serán más venenosos que la sangre podrida de la serpiente. Los hombres morirán a causa de las aguas y del aire; pero se dirá que han muerto del corazón y de los riñones. Y las aguas amargas infestarán los tiempos como la cicuta. Las aguas amargas parirán los tiempos amargos».

Los estudiosos de estas profecías creen que se habla de que las industrias químicas contaminan las aguas produciendo cánceres y otras enfermedades. Después de este tiempo de poco respeto por la naturaleza «las aguas amargas parirán tiempos amargos», los de la Tercera Guerra Mundial, que acabará con el mundo conocido.

«Dos príncipes sanguinarios dominarán la tierra; Wiug vendrá de Oriente y hará esclavo al hombre con la pobreza; Graiug vendrá de Occidente y esclavizará al hombre con la riqueza. Los príncipes se disputarán la tierra y el cielo. Y la gran batalla se llevará a cabo en la tierra de los cuatro demonios. Ambos príncipes serán vencedores ambos serán vencidos. Pero Graiug entrará en la casa de Wiug y sembrará sus antiguas palabras, que crecerán y devastarán la tierra. Así acabará el imperio de Wiug... Pero llegará el día en que también el imperio de Graiug sea destruido, porque las dos leyes de vida eran equivocadas y ambas producían la muerte. Ni siquiera sus cenizas podrán ser empleadas para cultivar el terreno sobre el que crecerá la nueva planta de la tercera luz».

El Wiug representa al comunismo y el Graiug al capitalismo. Primero cae el comunismo, pero después también se hunde el capitalismo. Tras abolir estos dos sistemas «que producían muerte» se crea un nuevo orden mundial que no tiene nada que ver con los dos anteriores.

«Antes de que mi cuerpo se haya convertido en cenizas, caerá el águila santa y será seguida del águila soberbia. Después caerán las demás águilas, una a una, y se les cortará la cabeza, la última en caer será el águila del mar. Su sangre será bebida por la tierra y de la tierra surgirán tres brotes, que se secarán antes de florecer».

El águila santa que cae es Rusia. La segunda águila soberbia es el imperio germánico-austro-húngaro. Así, van cayendo uno a uno todos los imperios decimonónicos hasta que le toca el turno al águila de mar, es decir, el imperio británico. De él surgen tres brotes: Estados Unidos, Australia y Canadá. Pero tal y como apunta Rasputín «se secarán antes de florecer».

«Los huevos serán recogidos y metidos en un solo cesto y, cuando el viento alimente el fuego, los huevos se teñirán de sangre. Será el tiempo de la corona de piedra, que se convertirá en cenizas, y éstas de nuevo en piedra, porque los huevos serán incubados y de ellos nacerá un grupo de polluelos, y cada polluelo será un zar».

Los huevos son los países balcánicos que son recogidos en un cesto cuando se crea Yugoslavia en 1918. Sin embargo, vaticina que esta unión no durará y que cada país querrá madurar por su cuenta por lo que habrá guerras.

Benjamín Solari Parravicini, el adivino argentino

Benjamín Solari Parravicini (1898-1972) ha sido apodado el «Nostradamus moderno». Muchas son las profecías que se han cumplido, lo que hace pensar que es posible que su visión del fin del mundo sea también cierta.

Solari destacó en la pintura y llegó a ocupar el cargo de Director del Museo de Bellas Artes en su Buenos Aires natal. Sin embargo, su faceta artística palideció al lado de su actividad profética. A su muerte, Solari había dejado más de setecientos psicografías y profecías que llegaron hasta nuestros días, gracias a que sus amigos las fueron apuntando.

Desde pequeño, Parravicini tuvo estas visiones que hicieron que su familia empezara a criticarlo. Su hermano explicaba que solía levantarse a media noche para escribir cosas que nadie entendía. Su padre, que era psiquiatra, estaba convencido de que su vástago padecía algún tipo de locura.

La familia de Parravicini residía en una enorme casa de campo en la que el profeta empezó a tener sueños y visiones sobre lo que ocurriría en el futuro. Para no apartarse de la férrea disciplina que le imponía su familia y no acabar, como decía su padre, preso de la locura, Parravicini se aferró al cristianismo, leyendo la Biblia casi a diario. El profeta solía acompañar todos sus vaticinios de un dibujo explicativo.

En la actualidad, son muchos los que han vuelto la vista atrás y han empezado a estudiar sus profecías para saber lo que el futuro nos depara.

— Vaticinios cumplidos

Las revelaciones que recibía Parravicini solían ocurrir cuando en algún lugar del mundo había algún acontecimiento remarcable.

Por ejemplo, en 1938, cuando nació Juan Carlos I, rey de España, Parravicini vaticinó su futuro:

«Dominador llegará a España, destruirá y edificará, luego un Borbón será en su lugar y el mandó partirá, si su salud no se ha debilitado, a la Argentina».

Parravicini se refiere a la dictadura de Franco y apunta que si su salud se lo hubiera permitido hubiera llevado a cabo un viaje a Argentina. Deja claro que su sucesor será un Borbón.

En ese mismo año, predijo la primera expedición espacial. Sus palabras fueron: «El can será el primer volador». El 3 de noviembre de 1957, la perrita *Laika* salió al espacio en el satélite Sputnik II.

Sin duda una de las predicciones que más ha dado que hablar ha sido la que hace alusión a las Torres Gemelas.

«La libertad norteamericana perderá su luz, su antorcha ya no alumbrará como ayer y el monumento será atacado dos veces».

El dibujo que se adjuntaba representaba a las dos torres gemelas que perecieron el 11 de septiembre. La predicción fue hecha en 1939, fecha en la que ni siquiera habían sido construidas las famosas torres. Su edificación se planeó en el año 1960 y se concluyó en 1976.

— El fin empieza en 2002

Benjamín Solari Parravicini vaticinó que a partir de esta fecha la actitud del hombre desencadenaría el trágico final de los tiempos.

«Hermanos, abrid los ojos, ya la bestia trepa por los ámbitos de la Tierra. Es ella dueña del hombre atolondrado que corre tras la concupiscencia y el poder del oro. Hermano presto estallarán nuevas guerras. Será el humo del primer humo. El acusador ordenará en contra de poderes constituidos: exigirá feroz normas desprovistas de bien. Sin trabajo aplastará coronadas testas y gobiernos poderosos. El Sacro Vaticano bajara su tiara lastimada, mas no vencida. Prevalecerá en lucha. Terminado el ruido del acusador, la redención condenará a la bestia la que rodara los espacios por eras. ¡Será el 2002!»

Algunos creen que este vaticinio habla de que los hechos que nos conducirán al fin de los tiempos empezarán con la guerra de Irak.

Solari también habla de un contacto con extraterrestres, que sería beneficioso para la humanidad.

Para el profeta argentino, el fin empezará a partir del año 2002, se sucederán los acontecimientos que son muy parecidos a los descritos en la Biblia y en las profecías de Nostradamus.

Llegará el nuevo Mesías y el Anticristo, que será destruido. Después varias guerras acabarán con buena parte de la población mundial. Pero el toque definitivo vendrá por el choque de un asteroide al que el profeta llama *Pax* y que dejará a la Tierra sumida en la oscuridad. Este es otro de los efectos que señalan la mayoría de los profetas: la tierra pierde la luz durante unos interminables días.

Por último, los escasos supervivientes podrán al fin vivir en paz hasta que llegue el final absoluto de los tiempos. Durante todo este proceso, se habla de la intervención de los ángeles y de la Virgen María que se llevarán a los justos a su reino.

Edgar Cayce, el gran visionario

Las profecías de Edgar Cayce (1877-1945) adquieren prestigio conforme pasan los años. Muchos son los nuevos seguidores que creen en las predicciones de este gran profeta tras descubrir el asombroso cumplimiento de sus vaticinios.

El método de este profeta era cuanto mínimo curioso. Cayce se estiraba en el sofá de su casa y mediante autohipnosis entraba en trance. En ese momento, podían preguntarle por lo que estaba haciendo cualquier persona en cualquier parte del mundo y era capaz de dar una solución certera. Habitualmente, una secretaria tomaba buena nota de sus palabras y después las mecanografiaba para enviárselas a la persona que había hecho la consulta. Él se quedaba una copia para su archivo personal.

Hay un sinfín de casos documentado en los que se explica cómo Cayce ayudó a curar las enfermedades de sus pacientes, así como la raíz de los conflictos psicológicos que muchos de ellos tenían.

En 1931 creó la A.R.E. (*Association for Eligthtenment*, en inglés Asociación para la Iluminación) en la que se almacenaban todas estas lecturas. A su muerte, en 1945, contaba con cientos de socios, en la actualidad es una asociación internacional que tiene sedes por todo el mundo.

Cayce, como muchos otros profetas, anuncia el regreso de Jesucristo. Para que ese hecho tenga lugar, tendrán que ocurrir grandes cataclismos en la Tierra.

Uno de los principales se dará hacia el año 2000. Habrá un brusco cambio en el eje terrestre que provocará que muchas zonas queden sepultadas bajo las aguas. Se romperá una parte del oeste de América que se convertirá en una isla. El golfo de México quedará sepultado bajo las aguas y ocurrirá algo muy parecido con el de Japón. Los Países Bajos de Europa también desaparecerán bajo las olas.

Mientras unos continentes se hunden, otros reflotarán. Cayce hace alusión directa a la mítica Atlántida, que saldrá a flote tras años en las profundidades del océano. Su salida a la superficie será visible en el golfo de Bimini y provocará terribles terremotos. Estos movimientos sísmicos acabarán con la ciudad de San Francisco, Nueva York y Los Ángeles.

Esta será una época convulsa en la que se darán grandes catástrofes naturales. Muchos volcanes apagados volverán a activarse y la lava barrerá los pueblos cercanos. También se dará un calentamiento de las zonas frías del planeta y un enfriamiento de las calientes. Cuando todo esto ocurra, llegará a la Tierra por segunda vez Jesucristo, que traerá tiempos de paz.

Gordon Michael Scallion y sus profecías

Éste es el profeta moderno que posee una historia más peculiar. En 1979, mientras trabajaba como consultor de una empresa de electrónica, se quedó repentinamente sin voz. Acudió a un hospital, donde fue ingresado. Allí tuvo una aparición. Una mujer le dijo que iba a explicarle lo que ocurriría durante los próximos días, meses, años e incluso siglos.

Después de aquella visión, Scallion recuperó la voz y empezó a ver el aura de las personas. Intentó olvidar aquella experiencia, pero las visiones se repetían y con el tiempo se dio cuenta que incluso podía sanar a gente. Por ello, finalmente tuvo que rendirse a la evidencia y acabó aceptando que su vida había cambiado radicalmente.

La misteriosa aparición predijo accidentes aéreos, terremotos y cambios de clima. También vaticinó que a partir de los años 80 del pasado siglo XX empezaría a haber grandes desastres naturales que continuarían con mayor énfasis durante los 90.

Scallion predijo el terremoto de México en 1984, la elección de Bush padre en 1985, la caída de la bolsa en 1987 y diferentes desastres geográficos. En 1992, predijo 43 hechos, de los que se cumplieron 33.

Scallion también habló del futuro más lejano. Dijo que habría tres grandes terremotos en Los Ángeles, el último de los cuales sería tan fuerte que haría que este Estado se desprendiera del continente americano.

A continuación se acabarían hundiendo los Estados de Utah, Arizona, Nevada y Colorado. Phoenix se convertiría en el puerto más importante de Estados Unidos. En la costa este también habían cambios importantes. El 50 por ciento de Manhattan quedaría sumergido bajo el mar. Rhode Island quedaría completamente hundida, al igual que Long Island. El 50 por ciento de Connecticut y de Florida desaparecerían bajo las aguas del mar.

Por otra parte, no todo serán hundimientos. Empezarán a reflotar partes de la Atlántida y se encontrarán restos en las Azores, las Bahamas, el Golfo de México y el Mar de los Sargazos.

Scallion predijo que todos los continentes cambiarían drásticamente su forma y llegó a hacer mapas específicos en los que se explicaba lo que iba a ocurrir. Además de los cambios geográficos, también vaticinó otros hechos que serán de crucial importancia para la humanidad.

Según relató Scallion, durante los siguientes años habría siete grandes plagas que asolarían a la humanidad: cáncer metastásico, un nuevo tipo de tuberculosis vírica, una mutación del sida, fallos en el sistema óptico, timo y páncreas, y un desorden entre los cuerpos astrales que provocará interferencias del más allá que acarrearán problemas psíquicos.

Los bruscos cambios en la geografía mundial provocarán escasez de agua dulce, que pasará a ser un bien muy valioso. También, después de las erupciones volcánicas del Pacífico, el mundo se sumirá durante un año en la oscuridad. Los cambios magnéticos provocarán fallos en los aparatos electrónicos.

Al ver las terribles condiciones de vida en la Tierra, se crearán una especie de búnkers para salvar a los niños. Los padres los enviarán allí con la esperanza de que puedan tener un futuro mejor. Todo esto provocará que el 75 por ciento de los supervivientes sean menores de quince años.

Cuando acaba el siglo, aparecerá un nuevo sol en la Vía Láctea. Durante el día se verá como a veces se puede distinguir la luna. Cuando llegue la noche, despedirá una potente luz azul que será perfectamente visible desde nuestro planeta.

Scallion, pese a todas sus predicciones, es bastante optimista. Él dice que éste es el futuro de la Tierra si no enmienda sus errores, pero aún está a tiempo de dejar de explotar indiscriminadamente los recursos naturales.

Si no lo hace, tampoco cree que todos estos hechos acaben con la vida en la Tierra. Los pocos que sobrevivan podrán vivir en armonía aunque no descarta que haya algunos conflictos. Está seguro de que se creará un nuevo orden mundial mucho más justo que el que ahora tenemos. Las energías naturales que no son agresivas con el medioambiente se impondrán. Muchas de éstas serán desconocidas y se descubrirán gracias al reflote de la Atlántida.

Scallion cree que no se tratará de un final de los tiempos definitivo, pero asegura que si el mundo no cambia su actitud, morirá mucha gente y la forma de vida cambiará radicalmente.

Alber Sauvageau, el profeta de las tinieblas

En 1826, este místico sacerdote abandonó el mundo. Tras de sí dejaba varias profecías que auguraban un terrible final para la humanidad. Como suele pasar con la mayoría de los profetas, la notoriedad le vino gracias a que sus primeras profecías empezaron a cumplirse. Por ello, muchos estudiosos se han fijado en lo que venía a continuación de los hechos ya cumplidos.

La columna de aciertos es bastante espectacular. Para empezar, vaticinó que Francia sería invadida por tropas alemanas en la mitad del siglo XIX. Efectivamente, en 1870, el ejército germano llegaba a la capital francesa. Pero ahí no acabarían los problemas para París. Este profeta volvió a predecir dos nuevas invasiones en el siglo XX, tal y como ocurrieron en las dos Guerras Mundiales.

Los vaticinios para el resto del siglo XX eran un tanto más vagos. Sauvageau estaba seguro que la fe en la iglesia descendería drásticamente en la población, la familia dejaría de ser la institución más importante y la violencia crecería hasta cotas insostenibles.

Esta dinámica cada vez iría a peor. El materialismo extremo de los habitantes del planeta haría que perdieran todos los valores morales que la religión les había intentado dar. La sociedad se degeneraría más y más hasta que la situación sería totalmente insoportable. En ese momento, Dios tendría que intervenir.

El Altísimo castigaría a su rebaño descarriado con tres días de absoluta oscuridad. El sol dejaría de brillar y no funcionaría ningún aparato que permitiera iluminar las casas. Tan sólo podrían encenderse velas benditas que sólo prenderían si la llama la ponía un niño inocente o un adulto en estado de gracia.

De esa forma el hombre captaría el mensaje. A partir de aquí, el profeta sugiere dos caminos. Si los hombres se arrepienten de sus pecados y construyen un mundo más justo, sería posible que se salvaran y pudieran vivir en armonía.

En cambio, si no reconducían su comportamiento, cada vez recibirían más castigos divinos y finalmente, Dios no tendría más remedio que acabar con el mundo conocido.

Las profecías de Sauvageau no fueron muy bien recibidas en el seno de la Iglesia Católica, que intentaba acercarse el pueblo dando una imagen de Dios más humana y menos vengativa.

Sin embargo, tras las apariciones marianas que también vaticinaban tres días de absoluta oscuridad, Sauvageau volvió a ganar algunos seguidores dentro del cristianismo. En la actualidad, se ha reconocido sus aciertos con la invasión de Francia, pero sigue siendo un profeta bastante desconocido.

Faustina Kowalska, la religiosa polaca

Esta religiosa que nació en Polonia en 1905 y murió en 1933, ofreció al mundo sus visiones del Apocalipsis. Según explicaba la joven, se hizo religiosa porque Jesús la empezó a visitar. Él le dio varios mensajes y le encargó que los transmitiera al mundo entero, para que todo el mundo los conociera y actuara en consecuencia.

«Antes de venir como juez, vendré primero como rey de misericordia. Precediendo el día de justicia, habrá una señal en el cielo dada a todos los hombres. Toda luz será apagada en el firmamento y en la Tierra. Entonces aparecerá venida del Cielo, la Señal de la Cruz y de cada una de mis llagas y de mis pies saldrán luces que iluminarán la Tierra por un momento».

Volvemos al tema tantas veces apuntado de que el mundo, durante unos días, se quedará sin luz. Algunos creen que los estigmas sangrantes podrían ser en verdad el haz de luz de algún cuerpo celeste que se acercara peligrosamente a la Tierra. Sin embargo, no hay pruebas específicas de que las profecías de esta religiosa tengan algún cariz que no sea totalmente religioso.

También le enviaba un mensaje a la patria natal de la vidente:

«Quiero a Polonia de una manera especial. Si es fiel y dócil a mi voluntad, la elevaré en poder y santidad y de ella saltará la chispa que preparará al mundo a mi última venida».

Aquí muchos han querido ver un mensaje sobre el último Papa, de origen polaco. Con su unción como pontífice, se elevó a Polonia a la santidad. Pero lo más curioso es que se apuntaba que «esa chispa prepararía al mundo a mi última venida». Eso puede significar que tras Juan Pablo II, llegará Jesucristo de nuevo al mundo de los hombres.

«Ese día tan terrible vendrá. Será el día de la justicia, el día de la ira de Dios. Los ángeles tiemblan al pensar en ese día. Habla a las almas de la gran Misericordia de Dios, mientras haya tiempo. Si te quedas en silencio ahora, serás responsable de la perdida de un gran número de almas en aquel día terrible».

Aquí Jesús habla sin lugar a dudas del final de los tiempos. Llega el momento del Juicio Final y los que no hayan seguido su palabra, se condenarán. Se trata del final del mundo que describe el Apocalipsis y por lo tanto, la religiosa intenta preparar al mundo para salvar el máximo de almas posibles.

Las gemelas Lusson, predicciones a la par

Estas dos gemelas dotadas con el don de la clarividencia tuvieron grandes aciertos sobre la predicción de los hechos que tenían que ocurrir. Empleaban un sistema que llamaban el «oráculo de Géminis» que les permitió ver lo que nos deparaba el futuro.

Predijeron, por ejemplo, la guerra de Yom Kippur (1968) y la Crisis del Petróleo (1973). También revelaron que Nixon acabaría dimitiendo por el escándalo del Watergate.

Las gemelas videntes empezaron a vaticinar grandes cambios que ocurrirían en los años 80 del siglo xx. En esta década empezará a haber largas épocas de hambrunas y una gran depresión económica. A partir de ese momento, todo conduciría a una guerra mundial en la que diferentes potencias se disputarían la supremacía del mundo.

Estas gemelas también veían cambios radicales en la geografía del globo terráqueo. Según estos vaticinios, Estados Unidos quedaría partido en dos. Nueva York acabaría sumergido bajo las aguas.

Japón, Australia y Filipinas, así como buena parte de las islas del Pacífico serían asoladas por grandes olas y se convertirían en zonas inhabitables.

Portugal y España perecerían bajo las aguas y la superficie de las Islas Británicas se disminuiría drásticamente. La zona ártica acabaría siendo semitropical. África sufriría grandes terremotos y finalmente acabaría teniendo una forma más ovalada.

El hombre acabaría empeorando la situación con guerras nucleares. Tras todos estos cataclismos, llegaría una época de paz entre los escasos supervivientes que quedaran en el planeta. Después, llegaría el nuevo Mesías, que iniciaría una era de paz y de renovación espiritual.

CONCLUSIÓN

Tras este exhaustivo repaso de profecías y profetas, nos quedan claros varios conceptos. A través de los tiempos, las diferentes culturas, civilizaciones y religiones han encontrado un final bastante parecido para nuestro mundo.

Casi todos han coincidido en que vendría un nuevo Mesías, en que habría una época de cataclismos, después de la cual los pueblos se unirían y podrían vivir en armonía. También hay pequeños datos coincidentes, como los tres días de oscuridad absoluta que aparecen, sobre todo, en las profecías que tienen una raíz cristiana.

Muchos creen que el de 2000 será el último milenio que el hombre vivirá. Sin embargo, como se ha visto en este libro, nuestros antepasados también creyeron que no sobrevivirían al del 1000. Por lo tanto, en el campo de las profecías, no hay verdades absolutas. Los episodios que se narran no suelen tener una fecha concreta, por lo que no se puede saber exactamente cuándo ocurrirán.

Por otra parte, también tenemos que tener en cuenta que muchas profecías son moralizantes. Indican una conducta que debe seguir el hombre para que no ocurra lo peor. Las amenazas del fin del mundo siempre pretenden que aprendamos a vivir de forma más respetuosa con nuestros semejantes y con la madre naturaleza.

La mayoría de los profetas acaban sus vaticinios después del cambio de milenio. Todo ello hace pensar que pronto aparecerá una nueva generación de videntes que explicarán lo que el futuro nos tiene preparado.

ÍNDICE